LE PORTAGE SALARIAL

LES GUIDES DU FREELANCE

Dany LE DU

LE PORTAGE SALARIAL

EYROLLES

Éditions d'Organisation

Éditions d'Organisation
Groupe Eyrolles
61, bd Saint-Germain
75240 Paris cedex 05

www.editions-organisation.com
www.editions-eyrolles.com

Avec la collaboration de Catherine Bogaert

© Groupe Eyrolles, 2008
ISBN : 978-2-212-54119-9

Sommaire

Préface

Il n'y a pas un jour sans que l'on ne nous explique que vraiment le monde a changé. Certains esprits chagrins, à force de conviction, nous démontrent que le monde était tellement plus agréable, plus simple, plus beau, avant. À ce stade, tous les superlatifs peuvent prendre place dans ce genre de discours. Cette éternelle bataille entre les anciens et les modernes est toujours bien présente, ce qui est somme toute rassurant. Essayons de garder notre lucidité, voyons le monde tel qu'il est aujourd'hui. Évidemment il a toujours évolué au fil du temps, alors qu'est-ce qui est différent désormais ? L'accélération du mouvement est bien réelle. Combien de fois ai-je entendu, certes il y a quelques années, certains d'entre nous nous expliquer que tout était figé en ce bas monde et que cela était bien désespérant. Aujourd'hui ce discours est révolu. En quelques années, les choses semblent s'être inversées. Tout va désormais vite, très vite. Il suffit de comparer notre vie quotidienne à dix ans d'intervalle. À la fin des années 1990, les entreprises mettaient en place leur premier site Internet. Les plus de 40 ans critiquaient les jeunes si vulgaires accrochés à leur téléphone portable en pleine rue. On ne « chattait » pas encore, on ne cherchait pas l'âme sœur sur Internet. On ne mettait pas encore son CV ou ses dernières photos de vacances en ligne. La diffusion de l'information ne s'était pas encore « démocratisée ». On vivait au siècle dernier. Autre temps, autres mœurs, me direz-vous ?

Il y a déjà dix ans, après quelques années professionnelles passées à recruter pour le compte de grandes entreprises, je constatais amèrement que mon métier engendrait 99 % d'insatisfaction ou de déception. En effet, recruter implique systématiquement 99 %

de déçus puisqu'une seule personne sortira du processus de recrutement : l'heureux élu. Pour les autres il faudra remettre sur l'établi l'ouvrage encore et encore, jusqu'au jour où... Parallèlement, le discours des responsables de recrutement des entreprises en quête de candidats et celui des candidats en recherche d'emploi étaient, chacun dans leur domaine, similaires. Les premiers vous disaient : on ne trouve pas de candidats, les seconds vous affirmaient qu'il était vraiment très compliqué de trouver un emploi. Comme si *trouver* était le terme adéquat. On se serait cru au temps des chercheurs d'or qui *trouvent* le précieux métal. Bien évidemment tout ceci n'est pas réel, il y a de bons candidats et la recherche de compétences est un souci quasi permanent pour les entreprises. En vérité, la nature de cette rencontre n'est plus adaptée. De plus en plus, l'individu prend du recul, de la hauteur vis-à-vis de l'entreprise, et celle-ci est en recherche de souplesse dans la gestion de ses ressources humaines. Certaines strates du corps professionnel sont plus vulnérables, entre autres les seniors. Passé la cinquantaine, être en recherche d'emploi est une gageure. En revanche, proposer ses compétences sans nécessairement susciter un contrat de travail reçoit un accueil bien différent. Donc la relation de travail a aussi changé. Ceci explique le succès du portage salarial qui s'est imposé en une dizaine d'années dans la catégorie des nouvelles formes d'emploi. Comme toute nouveauté à succès elle arrive au bon moment. Peu m'importe cette analyse d'ordre plutôt sociologique, le principal est qu'enfin un souffle se soit levé. À chaque tentative de réforme du Code du travail pour s'adapter au monde actuel nos gouvernants ont été obligés bien souvent de faire marche arrière. Le Code du travail n'a pratiquement pas bougé depuis plus de cinquante ans. Seules de nouvelles contraintes sont venues s'ajouter. Ce respectable ouvrage ressemble de plus en plus à un millefeuille malheureusement bien peu comestible. On a cru protéger les salariés en refusant ou en repoussant à plus tard tout changement du contrat de travail. Or force est de constater qu'aujourd'hui les formes classiques de travail sont effectivement sources de protection pour le salarié en poste depuis de nombreuses années dans une grande entreprise ou dans les secteurs public et parapublic, mais qu'elles génèrent l'exclusion pour les personnes qui n'entrent pas dans ces catégories : les jeunes en quête de leur premier emploi qui se heurtent aux remparts de la citadelle ; les personnes à forte valeur ajoutée qui cherchent une autonomie professionnelle et pour qui l'erreur ou la défaillance se paie très cher ; les seniors, riche de leur savoir-faire et de leur expérience, qui sont bien souvent rejetés par le monde du travail.

Le temps est venu d'explorer et de prendre en compte ces nouvelles formes d'emploi. Le portage salarial est peut-être la forme la plus évoluée et certainement la plus novatrice. On peut dès à présent prendre date et parier qu'elle saura rapidement s'imposer dans le paysage.

Gilles GUILHAUME,
directeur de la Société Ad'missions

Le portage salarial

Le contexte économique et social

Les évolutions économiques et sociales du monde contemporain ont entraîné des mutations rapides qui ont eu pour conséquence d'augmenter considérablement le **chômage**. Elles ont également induit de **nouvelles manières** de manager dans lesquelles beaucoup de salariés ne se sentent plus à l'aise et qui remettent en cause leur **relation au travail**, tandis que la question des **fins de carrières** et **du déficit des caisses de retraite** est au cœur des préoccupations de chacun.

LE CHÔMAGE

Les économies des pays développés se sont profondément modifiées ces soixante dernières années. La mécanisation et la concentration des exploitations agricoles, l'automatisation de l'industrie ont fait disparaître des milliers d'emplois. La mondialisation, qui rend interdépendants des pays géographiquement éloignés, a conduit nombre d'entreprises à délocaliser, et donc à licencier.

Glissement d'un secteur à un autre, d'un pays à un autre, la conséquence en est un chômage structurel, fortement implanté en France. Même si son taux manifeste parfois un frémissement à la baisse, la réalité reste toujours très préoccupante : depuis plus de trente ans, le chômage est le problème économique et social majeur. Massif et sélectif, il touche aujourd'hui plus de 10 % de la population active si l'on y inclut les personnes qui ne sont pas comptabilisées. Les jeunes, les femmes et les travailleurs de plus de 50 ans en sont les premières victimes. Des emplois de plus en plus précaires, une demande de flexibilité de plus en plus grande, des contrats de travail à géométrie variable ont fait de l'emploi, et du statut social qui l'accompagne, des valeurs de moins en moins sûres.

Pourtant, si les secteurs de l'agriculture et de l'industrie voient progressivement décroître leurs effectifs, il n'en est pas de même pour celui des services qui est, au contraire, en pleine progression et représente aujourd'hui près de 80 % du PIB. Investissant de plus en plus dans « l'immatériel » – formation, études, conseil, recherche, développement, ingénierie, communication, innovation, informatique –, les entreprises ont fait évoluer les métiers, les carrières et les profils de leurs employés. Aujourd'hui, elles recherchent des collaborateurs rapides, efficaces, mobiles, ayant des savoir-faire « pointus » et… à moindre coût.

DE NOUVELLES MANIÈRES DE MANAGER

Dans ce contexte incertain, les entreprises sont conduites à adopter de nouvelles stratégies. Pour accroître leur rentabilité et rester compétitives, elles se recentrent sur leur cœur de métier et allègent leurs effectifs en sous-traitant une partie de leurs activités. Cette manière de concevoir l'entreprise, non plus comme une entité autonome, mais comme un réseau de relations avec des partenaires extérieurs, a profondément modifié la gestion du personnel.

Libérée d'activités désormais externalisées, l'entreprise peut se consacrer à réaliser des projets transversaux faisant appel à des services différents. Ce « management par projet » requiert des compétences, des méthodologies et des outils spécifiques qui ne sont pas toujours présents ou disponibles en interne. Là encore, plutôt que d'investir dans la formation ou le matériel nécessaire, l'entreprise préfère de plus en plus souvent faire appel à des équipes externes.

Ainsi, au fur et à mesure que les grands projets transverses se multiplient, le travail en mission se développe. Le conseil, l'expertise, les prestations de service des travailleurs indépendants constituent d'ores et déjà un marché avec ses propres lois, services, vendeurs et clients.

UNE NOUVELLE RELATION AU TRAVAIL

Cette évolution des sociétés développées s'appuie également sur des individus qui ne se contentent plus de satisfaire des besoins primaires comme dans les sociétés traditionnelles, mais qui recherchent l'accomplissement personnel. Ne se sentant plus ni reconnus ni même respectés dans les grandes organisations, les individus choisissent souvent de faire avancer leurs projets individuels plutôt que de servir les objectifs flous et changeants d'entreprises dont ils n'ont pas la maîtrise. L'omniprésence de la menace du chômage a laissé, chez les plus jeunes, des traces indélébiles. Beaucoup ont vu leurs parents sans travail, et ils ne font plus confiance à l'entreprise pour assurer leur stabilité professionnelle. Dans le même temps, la relation au travail a, elle aussi, beaucoup évolué. Considéré pendant des siècles comme une valeur, le travail s'est désacralisé dans les dernières décennies. Désormais, l'individu souhaite mener sa vie professionnelle comme il l'entend, selon ses goûts, sans les contraintes de la hiérarchie, et dans une autonomie aussi large que possible. Il est désormais prêt à s'affranchir des contraintes et des incertitudes de l'entreprise qui, de toute manière, ne lui assure plus la sécurité.

LA QUESTION DES FINS DE CARRIÈRES ET DES RETRAITES

Les nouvelles réformes qui apparaissent dans le paysage social imposent de porter un regard attentif et nouveau sur la place des seniors dans notre société en général et dans les entreprises en particulier. Les progrès médicaux et de meilleures conditions d'existence ont permis un allongement significatif de l'espérance de vie. Il y a deux millions d'années, elle était de 20 ans pour

Lucy, notre aïeule à tous. Aujourd'hui, dans nos sociétés occidentales, elle est de 82 ans et sera de 88 ans en 2040.

Pourtant la carrière professionnelle s'interrompt de plus en plus tôt. En entreprise, les seniors, parfois dès 50 ans, sont mis sur la touche ou sur un siège éjectable : dossiers importants confiés à des collaborateurs plus jeunes, formations refusées, parfois mises au placard. Lors des plans sociaux, ils sont alors les premiers à être écartés du monde du travail par le biais des préretraites et se voient proposer, voire imposer, de quitter l'entreprise dès qu'ils ont le nombre de trimestres nécessaires pour toucher une retraite entière. Même lorsqu'ils partent dans des conditions financières convenables, beaucoup se sentent relégués, mis à l'écart d'une vie professionnelle dans laquelle ils se réalisaient. Ainsi l'on voit de plus en plus souvent des retraités de 55 ans, 58 ans, en pleine possession de leurs moyens physiques et intellectuels, contraints à l'inactivité.

LE DÉFICIT DES RÉGIMES DE RETRAITE

Cet allongement de la durée de la vie et ce raccourcissement des carrières ont un prix. Les systèmes de retraite, basés sur la répartition, ont jusqu'ici permis de financer les pensions des plus anciens par le travail des plus jeunes. Aujourd'hui, la pension d'un retraité est payée par les cotisations de quatre actifs. En 2040, ils ne seront plus que deux à financer un retraité, et l'équilibre de nos régimes de retraite ne semble plus, désormais, assuré.

Les solutions possibles au sein de ce système ne sont pas nombreuses et toutes aussi désagréables, voire inacceptables, les unes que les autres : diminuer le montant des pensions, augmenter les cotisations ou prolonger leur durée, c'est-à-dire travailler plus longtemps. D'autres leviers pourraient exister : augmentation des salaires, réduction des exonérations de charges sociales, taxation de sources de revenus autres que les salaires, mais l'OCDE a choisi de prolonger le temps de travail et de cotisations, permettant à la fois l'augmentation des ressources des caisses de retraite et la diminution de la durée de paiement de la pension. Cette décision a, bien entendu, provoqué une opposition généralisée dont le principal argument est le suivant : même si l'espérance de vie est aujourd'hui de plus de 80 ans, l'égalité face au vieillissement n'existe pas. Conditions de travail, difficultés personnelles, mystère de la génétique ? Quelles qu'en soient les causes, le résultat en est qu'à défaut d'avoir pu rester au travail jusqu'à l'obtention du taux nécessaire au bénéfice d'une retraite pleine, certains verront leur pension diminuer. Et cela explique en partie la levée de boucliers des opposants à la réforme.

Les paradoxes de la génération senior

La question des retraites et de la fin des carrières professionnelles fait apparaître plusieurs composantes sociétales dont le moins que l'on puisse dire est qu'elles sont paradoxales. **L'espérance de vie et la durée du travail** évoluent de façon inverse, remettant en cause, de manière souvent douloureuse, **la place des seniors dans l'entreprise**. La question du **chômage** de ces mêmes seniors semble démentir **la puissance économique** qu'ils dégagent lorsque ces hommes et ces femmes, issus de la génération 68, s'engagent dans des activités associatives ou citoyennes.

PREMIER PARADOXE : L'ESPÉRANCE DE VIE ET LA DURÉE DU TRAVAIL

Signe de prospérité de nos sociétés dites avancées, les actifs ont vu l'heure de la retraite sonner de plus en plus tôt, en même temps que leur espérance de vie en bonne santé s'allongeait. Il n'est pas rare de voir des personnes cesser leur activité professionnelle dès 50 ans. Et même dès 40 ans pour les militaires ! Sont-ils tous aussi fatigués et usés que pouvait l'être la génération précédente qui ne s'arrêtait pas, au mieux, avant 65 ans ? Sont-ils tous aussi heureux que l'on pourrait l'imaginer de se voir mis sur la touche ?

Le sentiment qui prévaut souvent est qu'ils s'arrêtent de travailler alors même qu'ils sont en pleine forme. Est-ce vraiment un progrès que de priver l'économie de ces forces encore vives et expérimentées ? Beaucoup de seniors auraient l'énergie de continuer une vie professionnelle comme le démontre leur forte implication, ensuite, dans la vie associative et citoyenne. Une réflexion de fond s'amorce à peine sur le rapport entre l'âge, la santé, la motivation et le travail. Réflexion qui part du postulat qu'un sexagénaire du XXIe siècle n'est en rien comparable au sexagénaire du milieu du XXe, et que la fin de la carrière professionnelle doit se libérer des schémas archaïques hérités d'un passé révolu.

DEUXIÈME PARADOXE : LA PLACE DES SENIORS DANS L'ENTREPRISE

Maintenir plus longtemps les actifs au travail pour résoudre le déficit des caisses de retraite est peut-être la moins mauvaise des solutions, mais encore faut-il que les seniors aient leur place au sein des entreprises. En effet, la France porte le bonnet d'âne en Europe avec un taux d'emploi des 55 ans et plus de seulement 38 % (contre 72 % en Suède et 62 % au Danemark ou aux États-Unis). Aujourd'hui, bien des politiques publiques et des pratiques sur les lieux de travail découragent les seniors de poursuivre leur activité professionnelle, et il faut bien constater que les employeurs ont de plus en plus tendance à exclure les salariés les plus âgés. À peine un chef d'entreprise sur deux aurait réfléchi à cette évolution et un employeur sur quatre persiste à penser que la part relative des salariés âgés dans son entreprise a des effets négatifs sur la productivité. Les « quinquas » sont donc les premières victimes des plans de restructuration, des délocalisations, des réductions budgétaires. Trop chers, pas assez mobiles, supposés trop routiniers, ils sont rapidement « débarqués » dès que le budget impose de la rigueur. Ils sont les premiers à être écartés par le biais des retraites anticipées et remplacés par des juniors aux salaires moins élevés.

Ceci n'empêche pas l'entreprise, et ce n'est pas là le moindre des paradoxes, de rappeler ses retraités – nous l'avons vu chez EDF lors de la tempête de 1999 – et de faire appel à des consultants seniors extérieurs dès qu'il s'agit de traiter un problème pointu, inattendu ou demandant une expertise et une expérience particulières, démontrant ainsi que leurs compétences ne sont pas remises en cause. Dans ce contexte, demander aux seniors de travailler plus longtemps dans des entreprises qui les rejettent n'est rien d'autre qu'un marché de dupes voué à l'échec. Et à 50 ans l'échec porte un nom : le chômage de longue durée.

TROISIÈME PARADOXE : LE CHÔMAGE DES SENIORS

Avec moins de retraités et plus de travailleurs, le rééquilibrage des caisses de retraite se fera mécaniquement, assurent nos dirigeants. Certes. Mais à condition que les « seniors/travailleurs/cotisants » aient, en effet, du travail. Ce qui n'est pas le cas aujourd'hui. Ce sont donc les Assédic qui versent leurs indemnités chômage à ces seniors jusqu'à ce qu'ils obtiennent le nombre de trimestres cotisés nécessaires, en les dispensant, à partir de 59 ans, de recherche d'emploi. Pendant ce temps, les cotisations retraite sont bien entendu payées par l'Unedic. Certes, les caisses de retraite font des économies en ne versant aucune pension, mais l'Unedic creuse son déficit. Or il est très difficile, voire impossible, à un senior de plus de 50 ans de retrouver un travail correspondant à sa qualification et à son expérience. Les déclarations d'intention des pouvoirs publics faisant la promotion du travail des seniors ne changent rien à l'affaire : les entreprises préfèrent toujours embaucher un collaborateur plus jeune et moins cher. Les seniors grossissent donc les rangs des chômeurs de longue durée jusqu'à ce que la retraite prenne le relais.

QUATRIÈME PARADOXE : LA PUISSANCE ÉCONOMIQUE DES SENIORS

Lorsque les seniors quittent l'entreprise, ils deviennent, paraît-il, des « inactifs ». Et pourtant, 55 % d'entre eux se tournent vers des responsabilités associatives ! Très présents au sein des bureaux et des conseils d'administration, ce sont eux qui régissent le million d'associations françaises et les 30 à 40 milliards d'euros que représente ce secteur. D'autres choisissent des activités citoyennes :

30 % des conseils municipaux sont composés de seniors qui gèrent les budgets des villes. De plus en plus de cadres se dirigent vers la profession de consultants, tandis que certains autres n'hésitent pas à se lancer dans la reprise ou la création d'entreprise.

Ces savoir-faire, ces expertises, dont l'entreprise semblait ne plus avoir besoin, retrouvent soudain une seconde jeunesse. La motivation, l'énergie, la créativité sont à nouveau présentes au sein d'activités et d'actions choisies. L'utilité de ce million d'associations n'est plus à prouver. Présentes dans tous les domaines de la vie sportive, culturelle, solidaire, dans la santé, la prévention, l'insertion, le handicap, ces associations ne génèrent, en effet, pas de revenus propres. Elles ne sont donc pas, au premier sens du terme, productives. Pourtant leur action, qui se substitue la plupart du temps à des pouvoirs publics défaillants, offre à ceux-ci et aux usagers un « manque à dépenser » considérable.

DES SENIORS RÉACTIFS ISSUS DE MAI 68

Personne n'a encore trouvé la manière de rendre plus attractive la prolongation de la vie active, ni comment promouvoir l'employabilité des seniors. Pourtant, certains d'entre eux n'ont pas attendu que les pouvoirs publics ou les entreprises leur fassent de nouvelles propositions. Ne se reconnaissant pas dans l'ancien modèle du sexagénaire, porteurs de l'énergie d'une génération qui a fait 68, conscients que pour faire bouger une société il convient d'abord de retrousser ses manches et de sortir des sentiers battus, ils représentent une nouvelle classe d'âge, une sorte de génération nouvelle et spontanée qui se situe entre les « actifs » et le « troisième âge ». Contrairement à leurs parents, tous ne vivent pas la mise à la retraite comme une délivrance, mais parfois comme une sanction. Sont-ils trop vieux, devenus soudain incompétents, poussés dehors par les plus jeunes ?

Ayant dépassé le stade de l'incantation, nombreux sont ceux qui rebondissent en développant leur expertise de manière indépendante, sous la forme du conseil ou de la prestation de service. La connaissance de leur métier, leur expérience professionnelle, leur stabilité personnelle, l'autonomie dont ils font preuve sont des gages de crédibilité auxquels sont sensibles leurs clients. Et il n'est pas rare qu'ils vendent leurs prestations à l'entreprise dans laquelle ils ont travaillé de nombreuses années. Certains, plus prévoyants, n'attendent pas la rupture brutale d'un licenciement humiliant et précèdent le mouvement dès qu'ils sentent la menace en choisissant de travailler de manière indépendante. Réflexe de survie ou émergence d'une nouvelle organisation de la société et du travail ?

CHAPITRE 2

Les formules de travail indépendant

Comme les contraintes de l'entreprise ne sont plus pondérées par la sécurité de l'emploi, nombre de salariés et de chômeurs regardent du côté de l'indépendance. Mais vendre des prestations ponctuelles aux entreprises implique le choix d'un statut pour encadrer ces activités autonomes. Certaines formules sont traditionnelles, comme **la création d'entreprise** ou **les professions libérales** ; d'autres, plus récentes, comme **l'intérim**. Certains services relèvent du **travail à temps partagé** et, pour ceux dont les revenus sont très bas, c'est parfois le régime de **la débrouille** ! Toutes ces pratiques, loin de là, n'offrent pas les mêmes garanties, ni de revenus ni de sécurité.

LA CRÉATION D'ENTREPRISE

Créer son entreprise peut rassurer celui qui se lance lorsqu'il pense ne plus avoir sa place dans l'entreprise. Dire « *J'ai créé mon entreprise, je suis directeur* » est réparateur pour celui qui manque d'un statut. Mais cette satisfaction fugitive de l'ego a son prix, car malgré l'assouplissement des formalités, créer sa propre structure est encore très complexe, assez onéreux et toujours risqué. Même s'il est aujourd'hui possible de créer une entreprise avec un euro de capital, il faut disposer d'environ dix mille euros pour faire face aux dépenses de démarrage : location d'un local, investissement en matériel, rémunération de l'expert-comptable, charges

« cachées », premiers mois de rémunération avant le premier client. Certes, la nouvelle entreprise est exonérée d'une partie des charges les deux premières années, mais lorsqu'elles se présentent la troisième année, nombre de créateurs jettent l'éponge, entraînant parfois leur patrimoine personnel dans la chute. Et si le créateur de l'entreprise en est également le gérant, il ne pourra pas, dans ce moment difficile, bénéficier des indemnités Assédic. Devant le risque financier et la complexité administrative, la création d'entreprise est plutôt choisie par ceux qui peuvent s'appuyer sur un volume d'affaires relativement important et stable, ou dont les activités nécessitent un local et du personnel.

LES PROFESSIONS LIBÉRALES

Quelques professions libérales sont réglementées. Elles concernent les architectes, notaires, avocats, huissiers, experts-comptables, médecins qui doivent respecter des règles déontologiques strictes définies par la loi. Ils sont soumis au contrôle de leurs instances professionnelles (ordre, chambre ou syndicat) et leur titre est protégé par la loi. Les professions libérales non réglementées regroupent tous les secteurs ne relevant pas du commerce, de l'artisanat, de l'industrie, de l'agriculture. Certaines de ces professions sont totalement libres (consultants, formateurs, etc.), d'autres sont soumises à l'autorisation d'exercice, comme les exploitants d'auto-école.

Mais le statut de ces professionnels ne leur permet pas d'être affiliés au régime général des salariés. Ces travailleurs indépendants ne touchent pas d'indemnités Assédic en cas de rupture d'activité et doivent cotiser à des assurances personnelles pour pouvoir bénéficier d'une retraite complémentaire et d'indemnités journalières en cas de maladie. Réglés en honoraires, ils doivent tenir une comptabilité rigoureuse. La plupart d'entre eux confient ce travail à un comptable rémunéré pour éviter des erreurs qui pourraient leur coûter très cher en cas de contrôle fiscal. Ce statut de profession libérale, onéreux, très insuffisant sur le plan de la protection sociale, nécessite un investissement de temps non négligeable pour assurer l'aspect administratif et fiscal. Il présente des risques financiers aux conséquences éventuellement lourdes pour l'intéressé.

L'INTÉRIM

Appelé aussi travail temporaire, l'intérim était initialement destiné à assurer le remplacement exceptionnel des employés d'une entreprise. Lors des trois dernières décennies, l'emploi de l'intérim dans les ressources humaines des entreprises n'a cessé de croître, pour devenir une manière très prisée d'assurer les travaux courants. Les sociétés de travail temporaire, ou « agences d'intérim », mettent des salariés à la disposition des entreprises lorsqu'un besoin ponctuel se fait sentir : remplacement d'un salarié absent ou provisoirement à temps partiel, accroissement temporaire de l'activité de l'entreprise, emploi saisonnier, remplacement d'un chef d'entreprise ou d'un travailleur libéral.

L'intérimaire est salarié de l'agence et il bénéficie de tous les avantages sociaux. L'incertitude sur ses activités est compensée par une prime de précarité de 10 % de sa rémunération brute. Contrairement aux autres professionnels indépendants que nous évoquons dans ce chapitre, l'intérimaire n'a pas à se préoccuper de rechercher des clients. C'est l'agence d'intérim qui le sélectionne et le contacte lorsqu'elle-même sollicite une entreprise ou est sollicitée par elle. Certains travailleurs temporaires sont très satisfaits de cette position qui les dispense des démarches commerciales, mais d'autres souhaitent au contraire pouvoir développer leur clientèle à leur guise et négocier eux-mêmes leurs tarifs. Ces derniers se tournent alors souvent vers les autres statuts.

LE TRAVAIL À TEMPS PARTAGÉ

Certaines PME ont de grands besoins en termes de compétences, mais pas suffisamment pour nécessiter la création d'un poste. Grâce au temps partagé, elles peuvent s'offrir ces compétences, renforçant ainsi leur structure et accélérant leur développement. La loi permet à plusieurs employeurs relevant d'une même convention collective de se regrouper dans le cadre d'une association loi 1901 ou sous forme de sociétés coopératives. Ce groupement d'employeurs est composé des salariés de l'entreprise elle-même et de la structure de gestion du groupement. Les entreprises clientes signent un contrat avec le groupement d'employeurs pour avoir un salaire sur un temps partiel de travail hebdomadaire (ou mensuel ou annuel) déterminé. L'entreprise paie uniquement une facture mensuelle au groupement d'employeurs qui correspond à la rémunération du salarié. La structure administrative gère tous les aspects liés au contrat de travail : recrutement, salaire, congés, arrêts de travail, charges patronales. Le salarié est alors en contrat à durée indéterminée (CDI) avec la structure de gestion du groupement d'employeurs.

Si, sur le papier, cette formule semble répondre aux besoins des salariés comme des entreprises, elle s'avère très peu utilisée, peu d'entreprises acceptant de s'investir dans un tel projet de groupement d'employeurs par manque de disponibilité et par crainte de problèmes de confidentialité.

LA DÉBROUILLE

Même s'il est rigoureusement interdit et surveillé, le travail au noir reste encore pour beaucoup un moyen de survie. Les professions manuelles, artisanales ou culturelles s'exercent malheureusement trop souvent dans la clandestinité. Face à des employeurs ou des clients qui refusent d'assumer les charges sociales et proposent des tarifs ridiculement bas, face à une réglementation compliquée et onéreuse pour celui qui souhaite travailler de manière indépendante ou qui démarre son activité, de nombreux travailleurs, la plupart du temps contre leur gré, exercent encore leur profession sans aucune garantie ni sécurité. Mal informés sur les risques qu'ils courent, ils espèrent passer au travers de la législation, mais l'Urssaf et le fisc finissent toujours par se manifester. Certes l'employeur sera condamné, mais le travailleur sera lui aussi lourdement pénalisé par les impôts, par la caisse d'allocations familiales qui peut demander le remboursement de certaines prestations, et par l'absence de cotisations retraite et chômage. En outre, ce manque de statut lui interdit toute évolution professionnelle, quelles que soient ses qualités et ses compétences. Mais que ce soit par la répression, les contrôles ou même la mise en place du chèque emploi service, aucune de ces mesures n'a toutefois encore permis d'éradiquer totalement ces pratiques.

CHAPITRE 3

Le portage salarial

Un modèle se démarque pourtant des contraintes de ces statuts. C'est celui du portage, qui offre une nouvelle forme de salariat, indépendant et sécurisant. Ainsi chaque année, plus de 35 000 consultants choisissent cette **organisation structurelle** à trois acteurs et cette **organisation fonctionnelle** qui les soulage de la gestion administrative. S'ils n'étaient, à **l'origine**, qu'une poignée de professionnels s'appuyant sur des **philosophies créatrices** différentes, ils développent aujourd'hui des **philosophies militantes** qui imposent un regard nouveau sur la législation du travail.

L'ORGANISATION STRUCTURELLE

Le portage salarial est une organisation du travail par laquelle un professionnel autonome confie à une structure la facturation et la gestion administrative des missions ou des prestations qu'il effectue auprès d'un client qu'il a trouvé lui-même. En échange de cette gestion, la société prélève des honoraires pour les frais de gestion, lui signe un contrat de travail, le salarie chaque mois et s'acquitte des cotisations sociales obligatoires.

Le portage est donc un ménage à trois : l'*entreprise cliente*, le *consultant*, et la *structure de portage*. D'un côté se situe l'entreprise : elle a besoin d'un consultant pour effectuer une mission, mais pour de multiples raisons, elle ne souhaite pas embaucher de nouveau salarié ni régler les prestations en honoraires. De l'autre côté se trouve le consultant : lorsqu'il ne possède aucun statut juridique et qu'il souhaite être salarié, il se tourne vers une structure de portage. C'est elle qui facture le client en honoraires et qui, sur ce chiffre d'affaires réalisé, salarie le consultant.

Le consultant entretient un *lien de subordination avec la structure de portage* dont il est le salarié. En revanche, il n'a aucun lien de subordination avec son client, ce qui lui laisse une grande auto-nomie dans ses propositions, le choix de ses méthodes et la réalisation de ses missions. Il construit lui-même son offre, assure sa communication et réalise sa prospection commerciale. Le consultant en portage doit donc tout à la fois développer son expertise sous forme de missions, et réaliser la démarche commerciale lui permettant de trouver des clients – comme le font d'ailleurs de nombreux professionnels, salariés de sociétés de conseil ou d'informatique.

L'ORGANISATION FONCTIONNELLE

Chaque consultant en portage salarial recherche donc lui-même ses missions et négocie, sur des critères qui lui sont propres, le montant de sa prestation. Un bon de commande, signé par le client, est envoyé à la structure de portage. À l'issue de la mission et sur demande du consultant, la structure de portage adresse sa facture à l'entreprise cliente qui procède au règlement. Le montant est versé sur le *compte professionnel* du salarié « porté » et géré par la structure de portage. Le salaire est déduit de ce solde, après prélèvement des honoraires de la structure et règle-ment des charges sociales. En moyenne, le salaire net correspond de 46 % à 52 % du chiffre d'affaires généré.

Ainsi, après que le consultant a négocié puis exécuté une mission, la société de portage envoie la facture au client.

Ensuite :

1. Le client règle la facture à la structure de portage.

2. La structure de portage porte ces fonds au compte profes-sionnel du consultant.

3. Elle prélève ses honoraires.

4. La somme restante est la masse salariale…

5. …dont elle déduit les charges salariales et patronales qu'elle reverse aux organismes sociaux.

6. Enfin, elle règle le salaire net au consultant.

Le temps de son contrat, le consultant porté bénéficie donc de toutes les garanties du salarié : sécurité sociale, retraite, assurance chômage, médecine du travail, indemnités journalières, accidents du travail et de trajets, droit à la formation continue, exonération de charges sociales sur les frais de déplacement, d'hébergement et de restauration liés aux missions. Les grosses sociétés de portage ont même un CE (Comité d'Entreprise) qui propose aux consultants des avantages sur les tarifs de loisirs, et un PEE (Plan d'Épargne Entreprise) qui leur permet de bénéficier également de la participation aux résultats de l'entreprise.

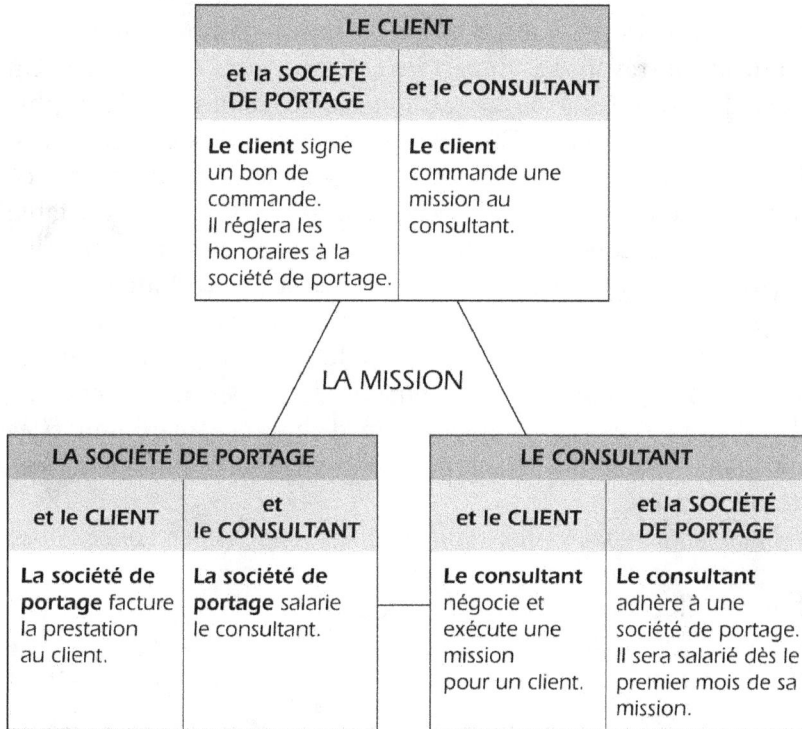

LE CLIENT	
et la SOCIÉTÉ DE PORTAGE	et le CONSULTANT
Le client signe un bon de commande. Il réglera les honoraires à la société de portage.	**Le client** commande une mission au consultant.

LA MISSION

LA SOCIÉTÉ DE PORTAGE		LE CONSULTANT	
et le CLIENT	et le CONSULTANT	et le CLIENT	et la SOCIÉTÉ DE PORTAGE
La société de portage facture la prestation au client.	**La société de portage** salarie le consultant.	**Le consultant** négocie et exécute une mission pour un client.	**Le consultant** adhère à une société de portage. Il sera salarié dès le premier mois de sa mission.

Les trois acteurs du portage salarial et leurs relations

SON ORIGINE

Apparu en France dans les années 1980, le portage salarial est né à l'initiative d'une association de cadres au chômage qui permettait à ses adhérents d'intervenir ponctuellement dans des entreprises pour des missions de conseil. L'association passait un contrat avec l'entreprise et rémunérait en salaire le cadre concerné, après lui avoir signé un contrat en contrat à durée déterminée (CDD) de la durée de la mission. Confidentiel et marginal, prenant des libertés avec le droit du travail, ce dispositif avait pourtant reçu les encouragements de directions départementales du travail, de l'APEC, de l'ANPE et même des Assédic.

Depuis cette date, les associations d'origine se sont transformées en sociétés commerciales et d'autres structures se sont créées sur ce même concept. Peu à peu, elles se sont mises en conformité avec la législation et offrent désormais à leurs « portés » des contrats de travail conformes à la convention collective et au droit du travail. La plupart de ces structures sont jeunes. Un tiers d'entre elles a moins de deux ans. Seules les deux plus anciennes, nées en 1986, ont aujourd'hui plus de vingt ans. En 1996 et 1997, des sociétés se sont créées, abordant ce nouveau métier avec un réel savoir-faire et une véritable approche des ressources humaines, cœur de métier du portage salarial. On est alors passé de l'artisanat à une démarche moins empirique, plus structurée et plus professionnelle. D'abord implanté en région parisienne, le portage, qui emploie aujourd'hui plus de 35 000 consultants, a peu à peu essaimé dans les régions par l'implantation d'antennes et de nouvelles sociétés, visant un développement régional, sont nées ces dernières années.

SES PHILOSOPHIES CRÉATRICES

L'insertion

Elle est à l'origine des techniques de portage salarial et les structures d'insertion sociale ou professionnelle qui le pratiquent le perçoivent essentiellement comme un outil permettant de favoriser le retour à l'emploi ou la création d'activité. Même si elles en utilisent la technique, elles n'en revendiquent pas nécessairement le terme, n'ayant d'autre ambition que d'améliorer les services rendus aux personnes en (ré)insertion.

Les réseaux

Des réseaux ont été peu à peu mis en place par des hommes et des femmes confrontés à la difficulté d'être recrutés, souvent des cadres, voyant ainsi l'opportunité de démultiplier leurs contacts, de proposer aux entreprises des services multi-expertises et d'organiser ensemble la gestion administrative de leurs missions. Leur objectif n'est pas de tirer des revenus du portage lui-même mais, comme précédemment, d'en faire un outil de gestion. Initiateurs du réseau, ils en sont également les bénéficiaires et ne cherchent pas à recruter de nouveaux consultants, ceux-ci ne rentrant alors que par cooptation.

La vocation commerciale du portage

Elle s'est développée d'elle-même, face au besoin des entreprises en recherche permanente de compétences et à la difficulté des cadres seniors à retrouver du travail après avoir été licenciés. Les initiateurs des sociétés de portage ont compris qu'il y avait là matière à développer un nouveau marché, et le secteur du portage s'est peu à peu adapté à l'offre et à la demande. Il a créé ses propres règles déontologiques, fixé ses tarifs et s'est structuré en organisations professionnelles. Le portage est alors devenu un produit répondant à de nouveaux besoins socio-économiques.

SES PHILOSOPHIES MILITANTES

En s'installant ainsi dans le paysage économique et social, le portage s'est trouvé rapidement confronté à des problèmes d'ordre juridique face à un droit du travail laissant peu de marge de manœuvre à de nouveaux modèles. Deux tendances se dégagent pourtant parmi les tenants de ce mode d'organisation du travail.

Les légalistes

Ils s'efforcent de mettre leurs pratiques en adéquation totale avec le droit du travail tel qu'il existe actuellement. Même s'ils souhaitent quelques assouplissements de la législation, ils ne la remettent pas en cause. S'inspirant du statut des ingénieurs conseil, ils réservent le portage aux activités intellectuelles. Les sociétés qui travaillent dans ce sens se rapprochent des cabinets de conseil qui mettent ponctuellement à la disposition des entreprises des consultants experts spécialisés.

Les militants

Pour leur part, ceux-ci demandent la création d'un statut particulier de « portés » pour les professionnels de tous métiers, y compris les professions artistiques, artisanales et manuelles. Débordant ouvertement d'un cadre légal qui leur apparaît trop étroit, ils refusent de transiger sur les fondamentaux de leur démarche et affirment haut et fort leur conviction : le portage salarial est une nouvelle forme de travail qui doit obtenir une reconnaissance pleine et entière. L'accroissement considérable de personnes choisissant ce statut, malgré les incertitudes planant sur la légalité de leur contrat de travail, ne fait que renforcer leur position.

EN BREF…

- Le portage salarial permet de transformer des honoraires en salaire.
- Le consultant touche un salaire correspondant à environ 50 % de la facturation hors taxe.
- Il garde l'exclusivité des clients qu'il a trouvés lui-même.

CHAPITRE 4

Le portage et l'entreprise cliente

En leur fournissant des prestataires de service compétents et réactifs, le portage se révèle être une opportunité pour les entreprises qui choisissent d'**externaliser** certaines de leurs actions. En leur permettant de **s'entourer d'équipes souples et polyvalentes**, en s'attachant à **simplifier les formalités administratives**, il leur permet d'**optimiser les coûts**. Elles sont donc de plus en plus nombreuses à connaître et apprécier les services des consultants portés, véritables experts dans leur métier. Certains d'entre eux devenant même des collaborateurs auxquels elles font appel de manière ponctuelle mais régulière.

EXTERNALISER AVEC DES PROFESSIONNELS RÉACTIFS ET MOTIVÉS

Comme nous l'avons vu précédemment, on constate depuis plusieurs années un phénomène de recentrage sur le cœur de métier des entreprises et une externalisation des fonctions périphériques. Ainsi est apparu un secteur en développement : le service aux entreprises par l'aide, le conseil et l'encadrement spécifique. L'évolution constante des techniques et des produits a, dans le même temps, généralisé un modèle de concurrence par l'innovation et placé le changement comme un principe de fonctionnement.

Ce double mouvement d'externalisation des activités et d'organisation du changement s'est accompagné d'une recherche de compétences pointues dans chaque domaine, sans que l'utilisation de ces compétences ne justifie toujours la création d'un emploi à temps plein. Cette mutation a rencontré celle d'experts qui, ayant quitté des postes fixes en entreprise, se sont installés comme travailleurs indépendants. Pour des raisons évidentes, ces consultants souhaitent continuer à bénéficier des avantages du statut de salarié et être réglés non pas en honoraires, mais en salaire. De leur côté, les entreprises préfèrent, pour des raisons tout aussi évidentes, régler une facture plutôt que de procéder à une embauche traditionnelle. Le portage, qui permet de transformer des honoraires en salaires, a donc trouvé naturellement sa place.

S'ENTOURER D'ÉQUIPES SOUPLES ET POLYVALENTES

Les entreprises se sont tournées vers des professionnels indépendants, mobiles et spécialisés, dont elles peuvent gérer les interventions et optimiser les coûts. Mais l'externalisation est une démarche fondée sur un partenariat fort entre le client et le prestataire, et non sur un simple rapport de donneur d'ordre à fournisseur. Elle induit la nécessité d'un conseil scrupuleux de la part du prestataire pour s'adapter aux objectifs de développement et à la stratégie de la société.

C'est la raison pour laquelle les entreprises apprécient de pouvoir compter, dès que le besoin s'en fait sentir, sur un prestataire extérieur rompu à cet exercice et immédiatement opérationnel. Cette souplesse et cette réactivité sont d'ailleurs le principal argument de vente du consultant, car son souci étant de satisfaire le client pour lui vendre d'autres prestations, il est toujours très motivé et concerné par la mission. Cela explique que de nombreux consultants parviennent à fidéliser des clients chez lesquels ils interviennent régulièrement. Lorsque des missions nécessitent des compétences variées qui ne se trouvent pas dans l'entreprise, un consultant peut, bien souvent, répondre à la demande en mettant en place très rapidement un réseau de professionnels aux compétences complémentaires, comme le ferait n'importe quel cabinet de consultants.

SIMPLIFIER LES FORMALITÉS ADMINISTRATIVES

Grâce à la formule du portage salarial, les services paye et RH de l'entreprise sont entièrement dégagés de toutes les formalités et contraintes liées à l'embauche de nouveaux collaborateurs. Faire appel à un consultant extérieur se résume, sur le plan administratif, à la simple signature d'un contrat de mission ou d'un bon de commande et au règlement d'une facture. Et ceci en toute sécurité puisque la société de portage offre un cadre juridique fiable, garanti par le contrat de travail, qu'elle passe avec le consultant et par l'assurance responsabilité civile et professionnelle obligatoire qui couvre la mission réalisée. Libérées de la gestion de ce personnel, des obligations de formation permanente, de représentation syndicale et de service social, les ressources humaines de l'entreprise peuvent alors se consacrer au suivi des carrières des collaborateurs permanents, tout en fidélisant un réseau de collaborateurs externes. Beaucoup d'entreprises sont sensibles à cet aspect du management qui simplifie considérablement leur tâche.

OPTIMISER LES COÛTS

La majorité des entreprises qui font appel à des intervenants extérieurs le font pour s'adjoindre des compétences, des savoir-faire qu'elles n'ont pas en interne, mais aussi, bien souvent, pour transformer leurs coûts fixes en coûts variables et acquérir ainsi plus de flexibilité. Elles peuvent donc réduire ces frais en confiant la gestion de certaines fonctions à des prestataires extérieurs.

Ainsi le portage permet d'éviter les frais cachés liés à l'embauche d'un nouveau salarié : visite médicale, formation permanente, taxe professionnelle, indemnités de licenciement. Le consultant devant fournir un devis pour toute intervention, il est aisé pour l'entreprise d'évaluer précisément le coût d'une prestation et de budgétiser l'opération sans risque de mauvaise surprise. De plus, un consultant externe n'est payé que lorsqu'il travaille : durant ses vacances, ses formations, ses temps morts, aucune rémunération ne lui est versée.

Le portage salarial permet en outre à l'entreprise de bénéficier des compétences de cadres seniors expérimentés sans alourdir les charges salariales, puisque le prix fixé par le consultant ne fait pas intervenir l'ancienneté dans l'entreprise qui, elle, pèse sur le salaire. Autre avantage de taille : l'entreprise n'a pas à investir dans l'équipement – ordinateur, logiciels, mobilier de bureau, locaux, téléphone – puisque le consultant possède tout le matériel nécessaire à sa mission et que les frais liés à l'achat, à l'amortissement et aux consommables lui incombent. Enfin, n'ayant pas à assumer les frais de structure et peu de frais de fonctionnement, les consultants en portage salarial pratiquent des tarifs de 10 % à 15 % moins élevés que les cabinets.

EN BREF...

- Une entreprise qui sous-traite des prestations à un consultant en portage se dote d'experts disponibles pour des missions ponctuelles.
- Elle optimise ses coûts en économisant le temps et les frais de gestion liés à l'embauche d'un collaborateur.

CHAPITRE 5

Le consultant

Exercer son métier sous la forme du portage salarial implique de **s'approprier le qualificatif de « consultant »**, et l'ambiguïté de ce terme cache à peine la diversité des **profils** des professionnels qui font ce choix. Des **motivations**, des compétences, des parcours professionnels différents font émerger pourtant **des besoins** et **des attentes** très semblables qui trouvent leurs réponses dans les services que la structure de portage se doit de fournir à ses consultants portés.

S'APPROPRIER LE QUALIFICATIF DE « CONSULTANT »

À l'origine, le terme de consultant définit une personne que l'on consulte pour un conseil, un avis, et qui justifie d'une expérience rendant crédible son jugement sur un sujet. Ce terme a longtemps été réservé aux cadres travaillant dans les domaines du management et des ressources humaines, mais il s'est peu à peu étendu à des domaines plus techniques. Ainsi avons-nous vu apparaître, sur les chaînes de télévision, des consultants en football, en rugby, en patinage. L'évolution rapide de la technologie et de l'informatique a ouvert la porte à des techniciens spécialisés.

Peu à peu, ce terme s'est généralisé et, à l'exception des professions libérales réglementées, il se trouve désormais utilisé pour désigner tout type de prestataire, même dans les cas où la prestation ne relève pas d'une véritable mission de conseil. Une étude récente souligne que d'autres mots apparaissent au hasard des conversations avec des responsables de structures de portage ou avec leurs portés. Des termes tels que « cadre », « chargé de mission », « consultant », « porteur de projet » ou encore « professionnel » renvoient au type de mission effectué par le salarié. Des appellations comme « adhérent », « client » ou « partenaire » illustrent la relation du porté avec sa structure, rejetant le modèle du salariat classique. Les expressions paradoxales « entrepreneur salarié », « salarié autonome », « salarié indépendant » et « salarié libéral » juxtaposent le terme de salarié, c'est-à-dire subalterne, au statut d'autonomie : indépendant, libéral, autonome. Toutes ces différences de langage révèlent bien le flou artistique dans lequel se trouve encore ce métier.

LES PROFILS

Les seniors

Ils forment le gros du bataillon des consultants en portage. La contribution Delalande, mise en place à la fin des années 1990, prévoyait une forte sanction financière pour l'employeur qui licencie un salarié de plus de 50 ans. Cette disposition, qui avait pour but de protéger les cadres en fin de carrière, s'est retournée contre eux, car certaines entreprises, afin d'éviter de tomber sous le coup de cette directive, ont licencié leurs cadres avant cette date fatidique. En effet l'enfer est souvent pavé de bonnes intentions ! Le portage est devenu pour ces seniors le moyen de vendre leurs compétences aux entreprises sous une forme moins contraignante.

Les demandeurs d'emploi

Lassés d'enchaîner les CDD, certains se tournent vers le portage salarial pour pouvoir enfin exercer leur expertise. Certains rencontreront enfin un employeur qui leur proposera un poste ; d'autres prendront goût à la liberté et choisiront de continuer leur carrière de cette manière.

Les futurs créateurs d'entreprise

Ils peuvent faire un passage par le portage salarial pour tester sans risque leur produit. Lorsqu'ils auront affiné leur offre et décroché quelques contrats, ils pourront démarrer leur activité indépendante.

Les jeunes

Ceux-ci se voient fréquemment reprocher leur manque d'expérience, et, sous ce prétexte, proposer des stages ou des CDD faiblement rémunérés. Ils voient dans le portage le moyen d'enrichir leur CV par des missions ponctuelles auprès d'entreprises.

LES MOTIVATIONS

Choisir ou subir de devenir consultant

Cela ne relève pas de la simple volonté et tous les consultants ne se dirigent pas vers la formule du portage salarial pour les mêmes raisons. La manière dont les futurs consultants ont quitté l'entreprise est un élément déterminant de ce choix. Ceux qui ont vécu un départ douloureux – licenciement, mise en retraite prématurée – peuvent se tourner vers le portage dans un désir de réparation ou dans l'attente de retrouver un poste équivalent. Pour les autres, le choix de cette formule indique un véritable désir de mener une carrière indépendante. Dans ce cas, l'idée du travail en solo est un puissant stimulant.

Organiser librement son temps de travail

Ce cas de figure séduit beaucoup de consultants. Ils peuvent décider de consacrer une partie de leur année à leurs activités professionnelles et une autre à leurs activités personnelles, travailler quelques jours par semaine ou tous les jours, y compris le dimanche s'ils en ont envie, s'octroyer les vacances scolaires ou pas, prendre une année sabbatique, adapter leurs horaires aux périodes creuses et aux périodes pleines de leurs clients.

Gérer sa carrière de manière autonome

Cela s'avère impossible au sein d'une société. Les valeurs, la culture, les enjeux de l'entreprise, la hiérarchie orientent la vie professionnelle des employés sans que ceux-ci aient un quelconque pouvoir de décision sur des choix qui, pourtant, les impliquent directement. Reprendre les commandes de sa carrière est donc, pour certains, un désir profond. Ils trouvent alors dans le métier de consultant en portage l'opportunité de créer leur produit, de choisir leurs clients et leurs partenaires en toute liberté.

Éviter les contraintes administratives

Les qualités développées au sein d'une expertise ne sont pas nécessairement les mêmes que celles exigées par la gestion administrative. Dans le cadre du portage, ces formalités sont réduites au strict minimum puisque c'est la structure de portage qui prend cet aspect en charge.

Conserver le statut de salarié

C'est la cerise sur le gâteau ! La liberté, l'autonomie, plus la sécurité ! Certes, le montant du salaire est directement lié aux performances commerciales du consultant, mais quels que soient les aléas de son carnet de commande, il est assuré de bénéficier de tous les avantages sociaux de ce statut.

Parfois situation d'attente et de repli, parfois choix délibéré, le portage salarial affirme une volonté de maîtrise du parcours professionnel. Ce désir de se situer entre les statuts de salarié et d'indépendant démontre un véritable choix culturel que la formule du portage salarial rend possible.

LES BESOINS

Tout être humain cherche à vivre en harmonie avec lui-même et avec les autres. Pour cela, il doit satisfaire des besoins fondamentaux qui peuvent se définir selon cinq catégories : les besoins vitaux, comme boire, manger, dormir, le besoin de sécurité, le besoin de reconnaissance, le besoin d'appartenance, le besoin de progression personnelle.

Le travailleur en solo ne fait pas exception à la règle et, de manière plus ou moins consciente, il cherche comme nous tous à satisfaire ces besoins essentiels. La structure de portage salarial va l'y aider.

En lui assurant et la protection sociale, le portage répond à son besoin de *sécurité*. En l'aidant à valoriser son expérience et son expertise, le responsable des ressources humaines lui apporte la reconnaissance de ses pairs et le conforte dans sa légitimité. En le mettant en relation avec d'autres consultants au sein de ses réseaux, la structure de portage lui permet de retrouver l'appartenance à un groupe. Enfin, en l'aidant à progresser par un suivi personnalisé et des formations adaptées, le portage salarial offre au consultant motivé un outil lui permettant de s'engager dans la voie de la réussite et de la progression personnelle.

LES ATTENTES

Rompre la solitude

Voilà une attente implicite du travailleur en solo, même si le choix du statut de consultant indépendant marque un désir de liberté certain. La solitude peut se révéler difficile à vivre dans les périodes d'interrogation ou de doute et elle prive le consultant des échanges entre professionnels susceptibles d'enrichir ses pratiques et son carnet d'adresses. Pour pallier ces inconvénients, la plupart des sociétés de portage organisent régulièrement des rencontres : petits-déjeuners, clubs d'experts, stages de formation. Ces initiatives recréent une communauté de travail en permettant à ces travailleurs indépendants de se rencontrer, d'échanger et, lorsque l'occasion se présente, d'effectuer des missions en commun.

Tester un marché ou un produit

Le portage permet au futur créateur d'entreprise de savoir si son projet est viable. Pour cela, il sera aidé et conseillé par son responsable des ressources humaines, mais aussi par les échanges avec les autres consultants.

Enrichir son CV

Cela peut permettre à des consultants de (re)trouver un CDI dans une entreprise. Certains en effet réintégreront, plus ou moins rapidement, un poste fixe. Mais beaucoup d'autres s'aperçoivent qu'en travaillant de manière régulière sur leur produit et leur démarche commerciale, ils parviennent à se verser des salaires satisfaisants. Ils prennent goût à l'indépendance et choisissent le portage salarial sur le long terme.

EN BREF...

- **Dans le contexte actuel, il est plus facile de trouver des clients qu'un employeur.**

CHAPITRE 6

Les métiers des consultants

La liste des métiers des consultants présente autant de variété que celle de leurs profils ou de leurs motivations. Dans sa diversité, elle ressemble à l'inventaire de Prévert. Mais outre leur expertise personnelle, les prestataires portés se doivent d'exercer bien d'autres talents. **Le métier de vendeur** est incontournable, comme celui de **communicant**. Ces métiers nécessitent la capacité d'**animation d'un réseau** et ne sauraient se passer d'une activité essentielle : **le travail permanent sur soi** et sur **son produit**.

LES EXPERTISES : UN INVENTAIRE À LA PRÉVERT

La liste exhaustive de toutes les expertises pouvant s'exercer de manière autonome et sous forme de missions ponctuelles n'existe pas ! On y trouverait des métiers traditionnels, mais aussi de nouveaux métiers, et des métiers rares et peu connus que les intéressés considèrent néanmoins comme particulièrement adaptés au fonctionnement du portage. Les sociétés de portage, qui gèrent exclusivement les professions développant des prestations intellectuelles, peuvent réciter, à travers les expertises de leurs consultants, un nouvel inventaire à la Prévert...

un informaticien,

un formateur,

une directrice artistique,

une attachée de presse,

une lobbyiste,

un expert en développement des pays émergents,

une organisatrice d'événements,;

une gestionnaire de projets,

une spécialiste en recherche et développement,

un veilleur économique,

un chasseur de têtes,

une traductrice,

un expert import-export,

un apporteur d'affaires,

un patron de transition,

une spécialiste de politique générale,

une spécialiste de politique commerciale,

une spécialiste de stratégie de communication,

une journaliste,

un expert en qualité, sécurité,

une testeuse de parfums,

une styliste,

un expert d'art,

...et un raton laveur !

LE MÉTIER DE VENDEUR...

Si les portés se différencient par les domaines dans lesquels ils exercent, ils ont en commun tout ce qui entoure leur métier de base. Mais le constat est souvent fait que, s'ils sont experts dans leur champ de compétences, ils ne savent pas nécessairement se vendre. Or, la relation commerciale est le passage obligé du consultant en portage. Son objectif étant de décrocher des missions, son niveau d'expertise, aussi pointu soit-il, ne garantit nullement la certitude d'obtenir des contrats, car ceux-ci sont soumis à des lois qu'il doit connaître.

Pour réussir, il sera amené à mettre en œuvre des techniques de marketing, de prospection et de vente : définition et valorisation de son produit, mise en place d'un fichier, prospection par téléphone, obtention des rendez-vous, préparation et réussite de ses entretiens de vente, négociation de son prix... Autant de pratiques qui ne sont pas nécessairement intuitives, mais qui s'apprennent. Et c'est bien la pertinence de ces méthodes commerciales qui permettra au consultant de développer son chiffre d'affaires face à un monde économique très concurrentiel. Or, son expérience professionnelle passée ne l'a pas nécessairement préparé à effectuer ce type de démarches. La société de portage va devoir se comporter auprès de lui comme un véritable partenaire en le formant et en le conseillant.

... ET DE COMMUNICANT

Quelle entreprise peut, aujourd'hui, se passer d'un service de communication ? Le consultant, qui est une entreprise à lui tout seul, doit porter une attention particulière à cet aspect de son activité. Si le CV a été pendant longtemps l'outil de base de ses recherches d'emploi, il doit désormais être remplacé par des documents plus professionnels : carte de visite et plaquette sont le minimum sans lequel aucun consultant indépendant ne peut envisager d'être pris au sérieux. Si la mise en place d'un site Web (ou d'un blog) n'est pas absolument indispensable, cette vitrine ne peut que valoriser son image auprès de ses futurs clients.

Mais la communication va bien au-delà de ces outils. En s'efforçant de pratiquer une écoute active de ses prospects, il pourra définir leurs besoins. En apprenant à présenter son offre de service, à rédiger ses propositions commerciales, il rassurera ses clients. Enfin, en personnalisant ses relations commerciales, il se démarquera des cabinets de conseil qui pratiquent une communication plus standard. Pour dévelop-per une image de professionnel confirmé, il devra également se faire connaître sur le devant de la scène. Sa participation à des salons, des colloques, des tables rondes lui permettra de se positionner peu à peu comme une référence dans son domaine d'expertise. Il devra apprendre à planifier, organiser, coor-donner l'ensemble de ces actions afin de rester toujours présent, visible et identifiable sur le marché. La communica-tion est un travail de coureur de fond !

L'ANIMATION DU RÉSEAU

La communication en direction du marché n'est pas la seule sur laquelle le consultant doit faire porter ses efforts. Afin de démultiplier ses contacts et son carnet d'adresses, il doit développer le relationnel avec d'autres consultants aux compétences semblables ou complémentaires. Et il a tout à gagner de ces relations qui se situent à mi-chemin du personnel et du professionnel. En créant, développant et animant ce réseau, le consultant s'entoure de collègues avec lesquels il peut échanger sur son travail et augmenter ses chances de démarcher de nouveaux clients. De la simple information à la recommandation, le réseau est un outil de communication et de vente extrêmement efficace lorsqu'il est bien organisé. La diversité des compétences de ses membres permet de répondre à des appels d'offres qu'un seul consultant ne pourrait assurer. Cette animation de réseau demande des qualités relationnelles et commerciales certaines, mais les structures de portage peuvent intervenir comme soutien à ce type d'action. La plupart organisent d'ailleurs régulièrement des rencontres entre consultants et des formations à ce type de fonctionnement.

LE TRAVAIL PERMANENT SUR SOI

Si travailler sur soi et sur son produit n'est pas un métier, il est pourtant un aspect incontournable de la profession de consultant, ici en particulier, rien n'est jamais acquis et tout peut toujours s'améliorer.

Le consultant doit donc être en permanence en questionnement sur son offre. Il doit être capable d'autocritique et de remises en cause parfois fondamentales, ce qui n'est pas toujours facile. Ses méthodes de travail, son comportement commercial et relationnel, son organisation sont toujours perfectibles. Pour cela, le consultant doit faire régulièrement son autocritique, tirer en permanence les leçons de ses échecs comme de ses réussites, développer ses qualités, combler ses lacunes. Pour cela, il ne doit pas hésiter à faire appel aux conseils de ses collègues, des membres de ses réseaux professionnels. Mais surtout il doit en permanence accepter de se former. Là encore, la structure de portage, en la personne de son responsable des ressources humaines, peut lui apporter une aide efficace.

... ET SUR SON PRODUIT

Telle prestation conçue avec soin et dans le détail peut ne pas rencontrer son marché. Le consultant doit alors s'efforcer d'écouter plus attentivement ses clients pour mieux identifier leurs besoins et remettre, autant que nécessaire, « son ouvrage sur le métier ». Si l'offre proposée ne reçoit pas l'accueil escompté, ce n'est en aucun cas de la faute du client qui ne saurait pas ce qui est bon pour lui. Le consultant doit alors s'interroger sur le contenu, la présentation, l'adéquation avec le marché ciblé. Et si l'offre fonctionne bien, il doit savoir qu'un produit s'use vite et que, dans quelque temps, les clients auront peut-être d'autres besoins qu'il convient d'identifier dès maintenant pour être prêt le jour venu.

EN BREF...

Un consultant a trois métiers :
- celui qui correspond à son expertise,
- celui de vendeur,
- celui de communicant.

CHAPITRE 7

Les pratiques contractuelles

Comme pour tout échange marchand, la relation entre les trois acteurs du portage s'appuie sur des contrats. **La convention d'adhésion** précise les conditions de collaboration entre la structure de portage et le porté. **Le contrat de mission** engage le consultant avec le client. Il se prolonge par **le contrat de travail**, signé entre le consultant et la société de portage. L'ensemble de ces documents formalise **le lien de subordination** entre le porté et sa structure de portage. Enfin, **la charte déontologique** complète le dispositif en permettant au futur porté d'exercer sa vigilance.

LA CONVENTION D'ADHÉSION ET LES HONORAIRES

Qu'elle soit appelée charte ou convention d'adhésion, de partenariat ou de portage, elle est le premier document signé. Il s'agit d'un contrat qui définit les règles entre le futur consultant porté et sa structure de portage. Il ne s'agit pas d'un contrat de travail, mais de l'organisation des relations entre les deux parties. Y figurent les engagements respectifs de ces deux partenaires qui n'ont pas vocation à être mentionnés dans le contrat de travail.

Ces engagements portent sur la recherche et l'exécution des missions, ainsi que sur les honoraires versés par le consultant à la société de portage. Cette convention précise que le porté assure lui-même la prospection commerciale et que la structure de portage s'interdit de démarcher sa clientèle. Ce document mentionne également la nature des contrats que la structure de portage s'engage à signer : contrat de prestation de services (avec l'entreprise cliente) et contrat de travail (avec le consultant porté). Le pourcentage qu'elle prélève sur le chiffre d'affaires du consultant est indiqué, ainsi que les services qui le justifient : frais de gestion, facturation, relances, assistance juridique, prêt de bureaux, formations. Calculés en fonction du chiffre d'affaires, les honoraires sont dégressifs et peuvent aller, selon les structures, de 3 % à 15 %.

LE CONTRAT DE MISSION

On l'appelle également « contrat de prestation », ou encore « bon de commande ». C'est un élément incontournable dans le portage, puisque c'est ce support qui va permettre de transformer les honoraires en salaire. Négocié directement par le consultant et l'entreprise cliente, il est le document qui lie celle-ci à la structure de portage. Il est signé entre ces deux parties et doit comporter les points suivants :

- la définition précise de la mission que la structure de portage s'engage à faire réaliser par son consultant pour l'entreprise cliente ;
- la répartition des responsabilités juridiques ;
- les clauses diverses précisant le montant des prestations, la durée et le rythme de la mission, l'échéancier des règlements et les acomptes éventuels, les frais de mission (acquisition de fournitures, transports, hébergement, restauration) et leurs modalités de règlement ;
- les clauses de résiliation du contrat.

LE CONTRAT DE TRAVAIL

Il intervient lorsque les contrats d'adhésion et de mission ont été signés. Les principaux contrats mis en œuvre par les structures de portage sont le CDD et le CDI. Ce sont des contrats de travail à temps plein ou à temps partiel qui permettent au consultant de bénéficier de tous les droits du statut de salarié : assurance chômage, maladie, retraite, prévoyance, mutuelle, etc. Comme son nom l'indique, le CDD est utilisé pour une mission bien définie dans le temps, correspondant à la commande faite par le client et formalisée par le contrat de mission (ou le bon de commande). Bien entendu le consultant peut juxtaposer plusieurs contrats de mission dans le mois pour plusieurs clients différents, l'ensemble de ces activités faisant l'objet d'un CDD unique.

Le salaire payé en fin de mois sera basé sur le chiffre d'affaires total facturé en fin de mois. Même si le CDD est encore largement répandu, les sociétés de portage les plus importantes proposent des CDI lorsque l'activité générale de leurs consultants semble pérenne et génère un chiffre d'affaires important. Ce CDI est utilisé lorsque le futur salarié a un potentiel de missions sur une durée assez longue et que la visibilité de son chiffre d'affaires est d'au moins six mois. La structure de portage qui souhaite mettre fin à un contrat de travail a les mêmes obligations que n'importe quel employeur. Comme lui, elle doit respecter la convention collective et le droit du travail. Comme lui, elle prend le risque qu'un client interrompe une mission.

LE LIEN DE SUBORDINATION

Le critère distinctif de tout contrat de travail est le lien de subordination juridique qui unit le travailleur à son employeur. Dans la mesure où la structure de portage est responsable de l'exécution de la prestation auprès du client, elle peut demander des comptes au consultant quant au suivi de la mission. Dans la mesure où elle se porte garant du règlement des salaires indépendamment du règlement de la facture, elle peut refuser de signer un contrat de prestation dans les conditions négociées entre l'entreprise cliente et le consultant. Dans la mesure où elle assure la formation de ses consultants portés, le lien de subordination existe bien. L'entreprise cliente est la cliente de la structure de portage, elle n'est, en aucun cas, celle du consultant. Celui-ci n'est que le salarié à qui la structure de portage confie la mission. Il n'existe donc – et il ne doit exister – aucun lien de subordination entre le consultant porté et l'entreprise cliente.

```
                    ┌─────────────────────────────┐
                    │     L'ENTREPRISE CLIENTE     │
                    └─────────────────────────────┘

   ┌──────────────────────┐      ┌──────────────────────────────┐
   │  CONTRAT DE MISSION   │      │ Prospection                  │
   │  (ou bon de commande  │      │ Négocation des conditions    │
   │  ou contrat de        │      │ de la mission                │
   │  prestation           │      │ Préparation du bon de commande│
   └──────────────────────┘      │ Réalisation de la mission    │
                                  └──────────────────────────────┘

                    MISSION

┌──────────────┐  ┌──────────────────────────┐  ┌──────────────────┐
│ LA SOCIÉTÉ   │◄─│ 1. CONVENTION D'ADHÉSION  │─►│ LE CONSULTANT    │
│ DE PORTAGE   │  │ 2. CONTRAT DE TRAVAIL     │  │ « PORTÉ »        │
└──────────────┘  └──────────────────────────┘  └──────────────────┘
```

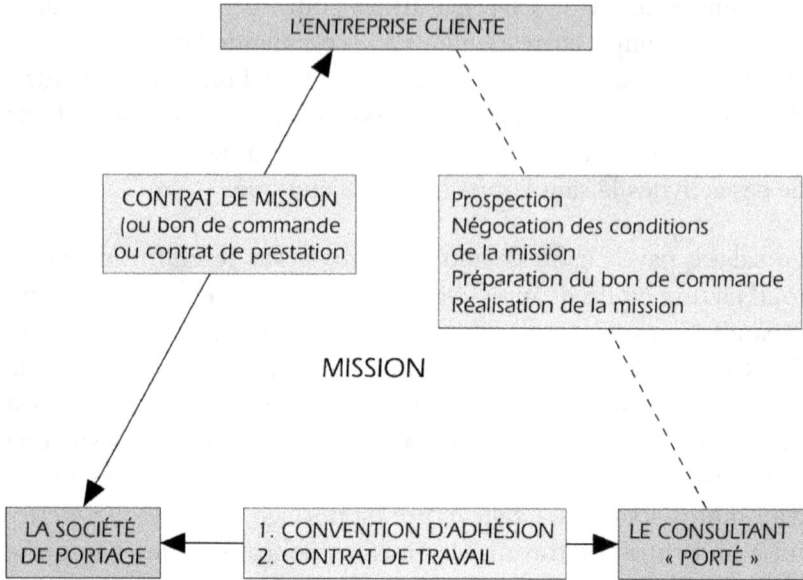

Il ne peut exister ni contrat, ni lien de subordination
entre le consultant et l'entreprise cliente.

LA CHARTE DÉONTOLOGIQUE ET LA VIGILANCE

La convention et la charte indiquent un élément important pour la gestion de la trésorerie du porté : la correspondance entre la date du règlement de la facture du client et celle du versement du salaire au consultant qui a exécuté la mission. Toutes les structures de portage n'ont pas la même politique dans ce domaine.

La relation entre le règlement des salaires et le recouvrement des factures clients est un point essentiel dans le choix de la société de portage. Il est prioritaire, avant le coût du portage lui-même. En effet, lorsque certaines structures avancent des taux alléchants de 2 % à 3 %, cela signifie, la plupart du temps, que la totalité du salaire est différé jusqu'au règlement du client et que le recouvrement des factures est à la charge du consultant. Cela s'explique aisément puisque l'avance du salaire et le recouvrement des factures ont un coût que supporte la structure. Il n'est donc pas étonnant qu'elle le répercute dans les frais de gestion demandés à son consultant. Des honoraires très bas ne lui permettant pas de prendre ce risque, elle le transfère donc à son consultant porté, bien souvent en « omettant » de le préciser. En revanche, une société de portage qui demande des honoraires autour de 10 % a la possibilité de faire l'avance au moins d'une partie des salaires, indépendamment du règlement du client. La charte déontologique mentionne également les engagements de la structure vis-à-vis des pouvoirs publics, et la mise en conformité du contrat de travail avec le droit des salariés.

Le consultant qui cherche une structure de portage doit être vigilant sur ces points fondamentaux et sa tranquillité d'esprit est à ce prix. À partir du moment où ces aspects ont été abordés et que les réponses conviennent au futur porté, il est possible de comparer les honoraires demandés avec les services proposés.

EN BREF...

Il existe trois contrats de base :
- la convention de portage (société de portage/consultant),
- le contrat de travail (société de portage/consultant),
- le bon de commande (société de portage/client).

L'ingénierie salariale

La transformation des factures de prestations en salaire constitue **le cœur de métier du portage salarial** en assurant **la facturation des missions** réalisées par les consultants. Mais les pratiques de **règlement des salaires** sont encore très disparates. **L'assurance chômage**, quant à elle, reste très ambiguë face à ce nouveau mode de fonctionnement. Pour préserver au mieux **les intérêts des consultants**, les sociétés de portage s'attachent à utiliser tous les dispositifs prévus par la loi.

LE CŒUR DE MÉTIER DU PORTAGE SALARIAL

L'ingénierie salariale est le cœur de métier des sociétés de portage qui font appel à des professionnels spécialisés dans ce domaine. La fonction RH, les services facturation et rémunération composent donc la base des équipes. La gestion des aspects administratifs, sociaux et fiscaux, implique que la structure de portage respecte scrupuleusement les obligations de l'employeur vis-à-vis de son salarié et des pouvoirs publics concernés. Le calcul de la masse salariale en particulier doit être effectué dans la transparence. La convention de portage préalablement signée avec le consultant doit être suffisamment claire sur les honoraires et le mode de règlement des salaires. L'exemple suivant montre le passage de la facturation client au salaire net payé au consultant.

> Un consultant effectue une mission qu'il facture 1 000 euros.
> La société de portage prélève ses honoraires (10 %), soit 100 euros.
> Le salaire chargé devient : 1 000 euros – 100 euros = 900 euros.
> Après déduction des charges sociales patronales, puis salariales, le salaire net sera de 480 euros.

En fonction des pratiques et des accords passés avec la société de portage, ce montant lui sera versé soit intégralement, soit sous forme d'un acompte, car toutes les structures n'ont pas dans ce domaine les mêmes pratiques. Certaines procèdent par règlement différé, d'autres par règlement différé avec salaire minimum garanti, d'autres enfin, par règlement immédiat.

LE RÈGLEMENT DES SALAIRES

Le règlement différé

Il consiste à ne verser son salaire au consultant qu'après le règlement du client. Les administrations, par exemple, peuvent mettre plus de six mois pour régler une facture, et la structure de portage considère alors qu'elle n'a pas à faire l'avance de ces sommes.

Le règlement différé avec salaire minimum garanti

Cette formule offre au consultant la sécurité d'un salaire mensuel. Les sociétés qui proposent ce mode de règlement se rapprochent de l'esprit de la loi puisqu'elles s'engagent à verser un minimum garanti chaque mois, le solde de la rémunération étant réglé à réception du paiement de la facture par le client. Cette formule est meilleure que la précédente puisque le consultant porté est assuré d'avoir une rémunération mensuelle.

Le règlement immédiat

Totalement dissociée du règlement du client, c'est la solution la plus avantageuse pour le consultant. Mais rares sont encore les sociétés de portage qui le pratiquent. Dans ce cas, le contrat de travail indique le montant du salaire, calculé sur la base du bon de commande signé par le client. Ce salaire sera intégralement versé dès le premier mois. La société de portage garantit ainsi au consultant l'intégralité de son salaire, quels que puissent être les aléas du règlement de la facture. Seules les sociétés ayant souscrit un solide fonds de garantie des salaires peuvent prendre ces risques.

L'ASSURANCE CHÔMAGE

Un des principaux avantages du temps partiel est qu'il peut être articulé avec le bénéfice de l'assurance chômage dans le cadre du dispositif dit du « temps réduit ». En effet, la loi Aubry II stipule que dans le cadre du « temps partiel modulé », un demandeur d'emploi peut cumuler l'allocation d'aide au retour à l'emploi avec une rémunération à deux conditions : l'activité occasionnelle ne doit pas excéder cent dix heures mensuelles et ne doit pas procurer plus de 70 % des rémunérations brutes perçues avant la privation involontaire d'emploi. Mais ceci ne concerne que les consultants bénéficiant déjà d'indemnités Assédic. Que dire de ceux qui ne sont pas passés par la case chômage ? Leur bulletin de salaire mentionne bien des cotisations Urssaf reversées aux Assédic. Ces cotisations sont censées revenir au salarié lorsque son activité s'interrompt. Or, elles ne font pas l'objet du même traitement selon les caisses.

Certaines de ces caisses, bien qu'ayant accepté les cotisations de portés, considèrent que le portage n'existe pas et refusent de régler ces indemnités – bien entendu, sans envisager le remboursement de ces sommes ! D'autres font semblant d'ignorer, de ne pas voir la mention « portage », et règlent ces indemnités sans faire de détail. Enfin, quelques-unes soutiennent ce nouveau statut et paient en toute connaissance de cause. Faute d'une législation appropriée, cet aspect du droit du travail risque de rester encore longtemps dans un *no man's land* uniquement régi par le bon vouloir des directeurs locaux des Assédic.

LES INTÉRÊTS DU CONSULTANT

Le remboursement des frais

Il s'applique au consultant comme à n'importe quel commercial. L'abonnement téléphone et Internet, les transports, les fournitures de bureau, une partie de l'équipement informatique et ses consommables, la documentation, les frais de restauration ou d'hôtel font partie de la recherche et de la réalisation des missions. L'exemple suivant montre l'incidence du remboursement des frais sur le revenu net, qui alors passe de 48 % à 55 % de la facturation.

Un consultant effectue une mission qu'il facture 1 000 euros.
La société de portage prélève ses honoraires (10 %), soit 100 euros.
À cette déduction s'ajoute celle des frais du consultant, disons 150 euros.
Son salaire chargé devient : 1 000 − 100 − 150 = 750 euros.
Après déduction des charges sociales patronales, puis salariales, son revenu net sera de 550 euros, soit 55 % de la facturation.

Le Plan d'Épargne Entreprise

Cette formule d'épargne salariale, collective, facultative permet aux salariés de participer avec l'entreprise à la constitution d'un portefeuille de valeurs mobilières. Les plus importantes sociétés de portage proposent cet avantage à leurs consultants. Les revenus de ce placement sont de 3 % à 7 % en moyenne, sont exonérés de charges sociales et défiscalisés sous certaines conditions.

Le compte professionnel

Voilà un outil de l'ingénierie salariale qui donne au consultant et à la structure de portage une visibilité permanente de l'état des facturations, des règlements et des frais professionnels divers liés aux différentes missions. Il est généralement consultable en temps réel sur le site de la société de portage, auquel le consultant accède grâce à un code confidentiel.

LA FACTURATION DES MISSIONS

Des pratiques différentes sont observées dans ce domaine. Si la plupart des structures facturent et effectuent les relances auprès des clients, d'autres considèrent que cette tâche fait partie du métier de consultant, la société de portage n'intervenant qu'en dernier recours si le consultant ne parvient pas à obtenir le règlement. D'autres encore donnent au suivi des factures un caractère pédagogique préparatoire à une future situation de chef d'entreprise, tout en apportant un soutien sous forme de conseils. Mais lorsqu'une action en justice doit être intentée, qui en supporte les conséquences ? La structure de portage ou le consultant porté ? Certes, le client est client de la structure de portage, mais le tarif et les conditions de règlement ont été négociés avec le consultant et celui-ci reste l'interlocuteur privilégié. Si le consultant doit faire lui-même, et à ses frais, les démarches de recouvrement, s'il doit assumer les défaillances d'un client (qui, statutairement n'est pas le sien), la société de portage est-elle un employeur comme les autres, et peut-on alors parler de l'existence d'un véritable lien de subordination ? Ce point est trop souvent laissé dans l'ombre lors des premiers entretiens. Il appartient donc au consultant de se faire préciser la position de la structure censée l'accueillir.

EN BREF...

- Les pratiques de règlement des salaires sont différentes selon les sociétés de portage.
- L'allocation de retour à l'emploi peut, sous certaines conditions, se cumuler avec la rémunération du portage.

CHAPITRE 9

Les sociétés de portage

Toutes les structures de portage n'ont pas la même conception de leur métier et la diversité des **formes juridiques** utilisées en témoigne. N'offrant pas les mêmes **garanties** à leurs consultants, la gestion des **ressources humaines** et la **formation** relèvent de pratiques différentes selon les structures. Quant au **recrutement** des postulants au portage, il répond à des critères censés assurer la réussite de la collaboration.

LA FORME JURIDIQUE

Comme nous l'avons vu précédemment, la création des structures de portage s'est appuyée sur des philosophies différentes. Celles-ci se retrouvent dans la forme juridique choisie.

Les structures à vocation d'insertion sociale ou professionnelle

Ces entités qui utilisent le portage comme un moyen permettant le retour à l'emploi ou la création d'activités ne cherchent pas à tirer des bénéfices de ce service rendu à leurs adhérents. Elles privilégient alors les statuts associatif et coopératif et pratiquent des honoraires modestes.

Les consultants indépendants

Ceux qui s'organisent entre eux pour gérer les parties administratives, sociales et fiscales de leur activité choisissent aussi le plus souvent ces formules et la structure coopérative ou associative leur convient très bien. Là encore, les honoraires demandés n'étant destinés qu'à financer une gestion basique sont peu élevés. Les statuts les plus courants sont alors les SCOP (Sociétés Coopératives de Production), les SNC (Sociétés en Nom Collectif) et les associations. Si ces formules peuvent paraître intéressantes au vu du montant de leurs honoraires, il faut cependant savoir que la gestion des salaires n'est pas toujours assurée de manière aussi efficace que lorsqu'ils sont traités par des professionnels de l'ingénierie salariale.

De nouvelles sociétés

Elles ont vu le jour par la suite et, s'appuyant sur l'économie de marché, elles considèrent le portage salarial comme un produit : SARL (Société à Responsabilité Limitée), SA (Société Anonyme) et parfois EURL (Entreprise Unipersonnelle à Responsabilité Limitée). Elles ont une vocation clairement commerciale, dont la rentabilité est directement liée au nombre et aux qualités professionnelles de leurs consultants portés.

LES GARANTIES

En s'adressant à une structure de portage pour déléguer la facturation client et le règlement de leurs salaires, les consultants portés souhaitent s'assurer une sécurité de base qui s'appuie sur la loi. En effet, toutes les entreprises ont un devoir de protection de leurs salariés et les sociétés de portage ne font pas exception à la règle. Elles doivent donc faire en sorte que le règlement des salaires soit assuré, quels que soient leurs aléas économiques. Certaines sociétés souscrivent donc des assurances au bénéfice de leurs consultants portés. Mais toutes ne prennent pas cette précaution et le futur porté aura tout intérêt à s'assurer de ce point avant de confier son compte professionnel à une structure intermédiaire. Vis-à-vis des entreprises clientes, les sociétés de portage ont, là aussi, des obligations, et en particulier celles de souscrire une assurance Responsabilité Civile Professionnelle couvrant les dommages dont leurs salariés pourraient être responsables. En ce qui concerne le consultant lui-même, les cotisations obligatoires lui assurent une couverture sociale en cas d'accident du travail et des indemnités journalières en cas de maladie.

LES RESSOURCES HUMAINES

En complément de la gestion du compte professionnel, les structures de portage doivent accompagner le consultant dans la progression de sa carrière. Ce n'est qu'un échange de bons procédés, puisque la santé financière de la société de portage est directement liée aux performances commerciales de ses consultants.

Le rôle du responsable des ressources humaines est donc essentiel. Cet accompagnement peut se faire sous forme de conseils sur les aspects commerciaux, juridiques ou comptables, et sur la recherche et la négociation des missions. Il peut se pratiquer au sein de réunions de groupe, mais le plus souvent il se déroule dans le cadre de relations personnalisées entre le porté et le responsable de son compte professionnel. Ce conseil peut prendre une autre dimension lorsqu'il s'agit de la création d'entreprise et du montage de projets. Il est alors clairement pédagogique et vise à confronter le consultant à ses propres lacunes en l'incitant à se remettre en cause pour se préparer à gérer sa future entreprise. Dans certains cas, il pourra s'agir de le dissuader de s'engager dans une telle voie. Une autre forme d'accompagnement est généralement pratiquée : celle du soutien psychologique. Il permet de répondre aux fréquents problèmes de personnes arrivant au portage après une rupture brutale avec l'entreprise, qui ont autant besoin d'un accompagnement psychologique que d'un outil de travail.

LA FORMATION

Cet accompagnement s'apparente le plus souvent à de la formation et prend une place plus ou moins importante selon les choix stratégiques de la structure d'accueil. Bien que toutes les sociétés de portage soient conscientes que la rentabilité de leur société est directement liée aux performances de leurs salariés, bien qu'elles affirment très haut le droit à la formation de leurs portés, on constate d'importantes disparités dans leur manière de traiter le sujet. En tant que salarié, le consultant bénéficie, par le biais du DIF (Droit Individuel à la Formation), d'une formation de vingt heures par an. S'appuyant sur ce dispositif, la plupart des sociétés de portage organisent des stages sur l'aspect commercial du métier de consultant.

C'est ainsi que l'on trouve des formations intitulées « Devenir consultant », « Construire son offre commerciale », « Internet, blogs et outils de communication », « Présenter, communiquer, convaincre », « Réussir les entretiens de vente », « Réaliser une plaquette », « Communiquer à petit budget », etc. Selon les structures, ces formations sont gratuites ou appellent une participation. Malheureusement tous les consultants ne sont pas en demande de ce type de soutien. Manque de temps ou désintérêt pour l'aspect commercial ? La manière dont la structure de portage traite cet aspect du travail du consultant, la façon dont elle l'incite à se former sont des indicateurs significatifs de l'intérêt qu'elle accorde à l'accompagnement de sa carrière.

LE RECRUTEMENT DES CONSULTANTS

Si les salariés portés présentent leur démarche comme le choix d'un outil leur permettant d'exercer librement leur activité, le terme de « recrutement » peut paraître surprenant. Mais les responsables des sociétés de portage, se réservant le droit de ne pas signer de contrat de travail, font intervenir plusieurs critères dans leur décision de retenir tel ou tel candidat.

Le profil du consultant

Ce critère doit indiquer sa capacité à travailler comme un indépendant. Les responsables des ressources humaines des structures de portage connaissent bien les éléments qui peuvent pousser des consultants à abandonner cette formule : peur du travail en solo, difficulté à rejoindre un réseau, blocage sur l'aspect commercial, angoisse devant l'irrégularité des revenus. Au cours des échanges avec leur futur consultant, il peut arriver que celui-ci soit incité à choisir une autre forme de travail.

La fiabilité du client

C'est là un critère de choix supplémentaire car la plupart du temps, les consultants prennent contact avec une structure de portage lorsqu'ils ont déjà un client. La société qui va accueillir ce nouveau porté s'assure donc de la fiabilité de ce client. En cas de doute, elle peut demander au consultant d'obtenir un acompte plus important avant de signer la convention de portage et le contrat de travail.

L'agrément par l'assurance

Il joue également un rôle non négligeable, car c'est bien la responsabilité civile et financière de la société de portage qui est engagée dans la mise en œuvre de la mission. Ce critère peut entraîner l'exclusion de certains métiers indiqués dans le contrat Responsabilité Civile Professionnelle par les compagnies d'assurances. Les métiers du bâtiment impliquant une garantie décennale ne peuvent être pris en charge que par des sociétés de portage ayant cette garantie. D'autre part, certaines zones géographiques, telles que le continent nord-américain, ne sont pas couvertes par toutes les compagnies d'assurance.

EN BREF...

- Les sociétés de portage doivent souscrire une assurance Responsabilité Civile Professionnelle obligatoire.
- Certaines y ajoutent une assurance qui garantit les salaires versés aux consultants, quels que soient les aléas économiques.

CHAPITRE 10

Les syndicats de portage

Afin de donner un cadre légal au portage salarial, les sociétés se sont réunies en organisations professionnelles. Du **SNEPS,** la plus ancienne, à la **FENPS** et à l'**UNEPS,** les plus récentes, chacune tente à sa façon de faire une place au portage dans le marché du travail. En face d'elles, certains **syndicats** commencent à soutenir leur démarche, tandis que les **pouvoirs publics** gardent un silence prudent.

LE SNEPS OU LES PARISIENS POLITIQUEMENT CORRECTS

Le SNEPS (Syndicat National du Portage Salarial), né en 1998, est le premier syndicat professionnel. Il regroupe les sociétés ayant elles-mêmes créé le terme de « portage salarial » et déposé le label « portage salarial éthique ». Il réunit quinze sociétés de portage, dont les plus importantes, qui prennent en charge exclusivement les prestations intellectuelles. Ses entreprises, basées à Paris, ont essaimé pour certaines d'entre elles sous forme de bureaux régionaux. Conscient des enjeux juridiques de cette nouvelle forme d'emploi, ce syndicat a une vision légaliste du portage salarial. Il ne souhaite pas de modifications particulières au Code du travail et s'efforce de définir les règles qui permettront d'éliminer les mauvaises pratiques.

Les sociétés adhérant à ce syndicat doivent remplir certaines conditions :

- être entièrement dédiées à l'activité exclusive du portage salarial ;
- s'engager à verser un salaire minimum à tous les portés chaque mois travaillé et ce quel que soit l'état de leur compte client ;
- couvrir leurs salariés par une assurance Responsabilité Civile Professionnelle ;
- souscrire à une caution minimum de 30 000 euros garantissant le paiement des salaires ;
- participer aux travaux avec les grands syndicats de salariés.

Aujourd'hui, le SNEPS est l'interlocuteur privilégié des ministères, des administrations (Unedic, ANPE, Assédic). Ses principaux membres ont signé des accords d'entreprises avec la CFDT, FO, la CGC et la CFTC, et un premier accord collectif vient d'être signé avec trois de ces syndicats de salariés.

LA FENPS OU LES CHEVALIERS DU PORTAGE

Au service de tous les travailleurs indépendants, la FENPS (Fédération Nationale du Portage Salarial) adopte une position plus mesurée. Soucieuse d'être dans la légalité, elle aimerait bien rentrer dans le rang. Le problème, c'est qu'il n'y a pas de rang ! Pour elle, le portage est une passerelle entre le statut de salarié et celui de travailleur indépendant. Refusant ce qu'elle appelle « un bricolage du droit du travail », elle réclame la reconnaissance d'un statut distinctif avec attribution d'un code NAF (Nomenclature des Activités Françaises) et mise en place d'une réglementation spécifique.

La Fédération refuse de réserver le portage aux prestations intellectuelles, aux cadres et aux Parisiens. Très implantée en région, préoccupée du sort des plus fragiles, elle s'intéresse à tous ceux qui, dans la France profonde, continuent à utiliser des moyens de fortune pour gagner leur vie. Ainsi l'exemple de cet accordéoniste qui animait, sans statut particulier, des après-midi musicales dans les maisons de retraite et qui peut, aujourd'hui, développer son activité dans le cadre du portage. Ou bien cette coiffeuse à domicile qui travaillait chez ses voisins et amis et qui, grâce au soutien d'une structure intermédiaire, a pu créer son entreprise. La Fédération souhaite un rapprochement des différentes organisations professionnelles du portage pour construire une plate-forme commune à présenter aux pouvoirs publics, mais les différences de fond ou de méthode rendent cette tâche encore difficile.

L'UNEPS ET LA FAUCHEUSE D'OGM

La présidente de l'UNEPS (Union Nationale des Entreprises de Portage Spécialisé) est une militante pure et dure. Pour elle, comme pour les militants altermondialistes, pas de compromission avec des partenaires rétrogrades qui refusent le changement. Afin de faire avancer la cause du portage, elle souhaite ouvrir largement ce modèle à des secteurs tels que la banque, le sport, le spectacle, l'artisanat, le bâtiment. Même le « laveur de carreaux à risque » doit y avoir sa place.

Mais son cheval de bataille est son refus de réduire le portage au cadre étroit du salariat. Elle milite donc pour la création d'un statut spécifique de « travailleur indépendant », ou de « créateur d'entreprise en portage ». Ce statut n'existant pas, elle n'hésite pas à faire avancer ses idées par la transgression consciente, volontariste, voire provocatrice, du droit du travail. Les entreprises adhérant à ce syndicat assurent l'édition de feuilles de paye, mais guère plus. Pas de salaire minimum garanti, pas de service de recouvrement de factures, pas de formation spécifique au métier de consultant, pas de mise en réseau, pas de soutien à la communication. « *Les portés,* explique la présidente, *ont vocation à devenir des travailleurs indépendants, ils doivent donc apprendre à être entièrement autonomes. Nous les aidons à démarrer leur activité en leur fournissant la sécurité du statut salarié, mais nous n'avons pas vocation à les assister dans tous les actes de leur vie professionnelle.* » Consciente que ses entreprises adhérentes courent un risque en signant des contrats de travail discutables, elle affirme « *que l'intérim a mis vingt ans pour se faire une place aujourd'hui incontestée, et qu'il en sera de même pour le portage à condition d'être patient et d'avoir le courage d'avancer sans accepter de compromis* ».

LES POUVOIRS PUBLICS

Sans doute soucieux de ne pas prendre de risques inconsidérés, les pouvoirs publics restent très discrets sur le sujet du portage salarial et pratiquent le vieil adage « hâtons-nous lentement » ! Plutôt que d'intervenir de manière frontale au risque de se mettre à dos soit les syndicats de salariés, soit les syndicats de portage, soit le MEDEF, ils semblent attendre que des accords interviennent entre ces interlocuteurs pour, ensuite, travailler à la mise en forme d'une loi-cadre.

La réalité du terrain montre une variété de réactions, soulignant les difficultés des services de l'emploi à prendre et justifier des décisions. Les uns pratiquent une opposition farouche aux pratiques du portage, les autres adoptent une distance prudente et silencieuse accompagnée d'une surveillance attentive. Pour les derniers, c'est une attitude de coopération bienveillante qui les caractérise. L'éradication du chômage étant, paraît-il, une priorité, on peut s'étonner que les pouvoirs publics ne cherchent pas plus à explorer cette nouvelle voie. Mais nos responsables connaissent-ils vraiment ce nouveau mode d'organisation ? Leur silence sur le sujet laisse planer le doute. Seraient-ils réticents à mettre en place un modèle initié par la base et non par des énarques porteurs du savoir économique et social ? Attendraient-ils le feu vert du MEDEF ? Ou de la CGT ? Toutes ces questions restent en suspens. En attendant, le portage est dans une situation d'attente inconfortable qui laisse la porte ouverte à des dérapages plus ou moins contrôlés.

LES ORGANISATIONS SYNDICALES

Une chose au moins est claire : la CGT est contre le portage salarial. Tellement contre que ses représentants refusent de prendre part aux débats pour aménager un droit du travail acquis de haute lutte voici quelques décennies. Multiplication des CDD risquant d'entraîner la difficulté d'exercice des droits syndicaux, absence de contrôle de la durée hebdomadaire du travail, remise en cause du contrat de travail paraissent des éléments susceptibles de favoriser la précarité. Quant au MEDEF, jusqu'alors resté en retrait, il envisage d'inclure le portage salarial dans les négociations sur le droit du travail.

C'est donc sans ces organisations syndicales, mais avec d'autres, que le SNEPS tente de répondre à la question : comment donner au travailleur indépendant la protection du travailleur salarié sans dénaturer cette dernière ? Tout d'abord réticents, des syndicats ont peu à peu accepté de réfléchir sereinement à la question. La CFDT, la CFTC et la CFE-CGC ont donc rejoint les adhérents du SNEPS pour intégrer un observatoire des bonnes pratiques, engager une réflexion pragmatique sur cette nouvelle forme de l'emploi et bâtir un cadre de sécurité suffisamment protecteur pour éviter les dérives. Cet accord collectif qui vient d'être signé par ces syndicats représentatifs est une sécurité pour les consultants à travers une reconnaissance officielle du portage salarial. Il concerne cependant exclusivement le domaine du conseil et des prestations intellectuelles.

EN BREF...

- Le SNEPS souhaite intégrer le portage salarial au Code du travail sans modifications importantes.
- La FNEPS et l'UNEPS militent pour un statut spécifique et une réglementation adaptée.

CHAPITRE 11

L'accord
du 15 novembre 2007

Après plusieurs mois de travail en commun, le SNEPS, la CICF, la CFDT, la CFTC et la CFE-CGC ont conclu un accord collectif de portage salarial. Cet accord reprend les éléments du droit du travail en les adaptant aux spécificités du travail en portage. Après avoir défini les conditions de **la représentation syndicale**, il précise **les obligations de la société de portage**, ainsi que celles du **consultant porté** dans le cadre de son **contrat de travail**. L'accent est mis sur un élément distinctif du portage : **l'accompagnement professionnel**.

LA REPRÉSENTATION SYNDICALE

L'Entreprise de Portage Salarial (EPS) devra permettre l'exercice du droit syndical au bénéfice de l'ensemble de son personnel. Pour remplir au mieux leur mission, les délégués syndicaux valablement désignés disposeront des moyens instaurés à leur bénéfice par la loi : heures de délégation, liberté de déplacement, diffusion de tracts, etc. Les heures de délégation des délégués syndicaux, lorsqu'ils sont consultants, seront rémunérées sur la base du taux journalier moyen des douze derniers mois et les frais de déplacement seront remboursés sur justificatifs, sur la base des règles définies par l'entreprise pour le remboursement des frais professionnels.

L'EPS s'engage également à mettre à la disposition des délégués les nouvelles technologies disponibles en son sein, en leur permettant notamment d'utiliser sa messagerie et de réserver un espace aux organisations syndicales sur son site intranet. Par dérogation au Code du travail, l'EPS sera autorisée à effectuer le découpage en deux collèges électoraux : l'un pour les équipes fonctionnelles, l'autre pour les consultants. Par ailleurs, compte tenu du fait que les consultants ne travaillent pas dans les locaux de leur société de portage, celle-ci s'engage à mettre tout en œuvre pour faciliter leur vote à distance, notamment par la mise en place du vote par correspondance et du vote électronique, dans le respect des dispositions légales prévues.

LES OBLIGATIONS DE LA SOCIÉTÉ DE PORTAGE

Les EPS adhérentes du SNEPS, syndicat signataire de l'accord, s'engagent à signer un contrat de travail avant le début effectif de la première mission. Elles s'engagent également à réaliser les formalités administratives et les obligations fiscales et sociales liées aux contrats commerciaux et de travail. Les frais professionnels et de mission seront gérés en conformité avec les obligations fiscales et sociales et les factures seront réalisées sur la base des contrats commerciaux. Les EPS informeront mensuellement les consultants sur l'ensemble des éléments imputés sur leur compte d'activité (facturation, encaissement, frais de gestion, frais professionnels et de mission, rémunérations nettes et charges sociales). Enfin, des fiches de paie leur seront remises sur la base des déclarations d'activité.

Lors du recrutement, l'entreprise de portage salarial s'engagera à informer le candidat sur le mode de fonctionnement interne de l'entreprise, la nature des activités couvertes, le montant des garanties de son contrat Responsabilité Civile Professionnelle et le fonctionnement de son compte professionnel. Une analyse, des conseils et une assistance dans sa démarche professionnelle lui seront proposés, en particulier sur le choix de ses projets, leur adéquation avec ses compétences, et les moyens d'optimiser ses chances de réussite.

LES OBLIGATIONS DU CONSULTANT PORTÉ

Même si le consultant dispose d'une large autonomie dans l'exercice de son activité professionnelle, il demeure subordonné à l'EPS dans le cadre de son contrat de travail. Il a en charge la prospection de nouvelles missions dans le respect des règles et des directives édictées par l'EPS (objet et modalités des missions, conditions tarifaires, etc.). Elle peut, en toutes circonstances, décider de refuser la conclusion d'une mission prospectée en motivant ce refus. Le consultant s'oblige par ailleurs à tout mettre en œuvre, compte tenu de ses compétences, pour procéder à la bonne réalisation des missions qui lui sont confiées et ce, jusqu'à leur terme. Si une difficulté de quelque nature survient pendant la réalisation d'une mission, le consultant doit en avertir l'EPS sans délai afin qu'elle mette en œuvre toute mesure utile, dans le respect des engagements contractuels à l'égard du client.

Le consultant doit, dans ses relations commerciales, mentionner que son activité est réalisée dans le cadre de l'EPS et qu'elle est seule compétente pour valider le contrat de prestation de services. Il doit également s'assurer, conjointement avec l'EPS, que la mission projetée entre effectivement dans son champ d'expertise. Il doit enfin, chaque mois, remplir un rapport relatant les jours travaillés avec indication du lieu et du type d'activité, accompagné des frais professionnels de la période. Ces documents, signés par le consultant et approuvés après d'éventuels ajustements par la direction de la société, acquièrent de ce fait une valeur contractuelle et servent de référence pour l'établissement des payes (salaire minimum conventionnel et complément de rémunération conventionnel) et des remboursements de frais.

LE CONTRAT DE TRAVAIL

Le consultant relève obligatoirement du statut cadre. Son contrat de travail doit comporter un descriptif des compétences de ses domaines d'expertise et toute indication utile quant à son degré d'autonomie.

Ce contrat doit faire état du caractère mixte des fonctions : développement commercial d'une part, réalisation de missions d'autre part. Ne travaillant pas sur place dans les murs de la société de portage, le consultant entre alors dans la catégorie de télétravailleur. Le CDI sera défini comme « contrat de travail à temps partiel modulé ». Pour faire face à la variation d'activité, les EPS pourront avoir recours au temps partiel modulé dont la durée hebdomadaire ou mensuelle du temps de travail peut varier sur tout ou partie de l'année. Ce contrat est écrit et mentionne notamment la qualification du salarié, la mention de télétravailleur, les éléments de la rémunération, la durée hebdomadaire ou mensuelle de travail, les périodes et la répartition des heures à l'intérieur de ces périodes. Le contrat de travail du consultant ne saurait comporter ni clause d'exclusivité, ni clause de non-concurrence. Les dépenses de fonctionnement qui, bien que liées à l'activité professionnelle en télétravail, ne peuvent être rattachées à une mission spécifique, sont remboursées après accord préalable de l'entreprise et imputées au débit du compte d'activité du consultant.

L'ACCOMPAGNEMENT PROFESSIONNEL

L'EPS doit accompagner et encadrer scrupuleusement ses consultants tout en préservant leur autonomie.

La formation

Elle constitue un élément important du développement professionnel. L'entreprise de portage salarial s'engage à faciliter l'accès des consultants aux bilans de compétences et à la validation de leurs acquis, et à leur assurer une formation professionnelle leur permettant de réussir dans la prospection et la réalisation de missions. En effet, tout consultant sous contrat à durée indéterminée, ou à durée déterminée à temps complet et cumulant au moins six mois d'ancienneté consécutifs ou non dans une EPS, doit disposer d'un DIF d'une durée de vingt heures par an. Pour les salariés à temps partiel ou à temps réduit, le calcul se fera au *prorata* du temps de travail, sans pourtant pouvoir être inférieur à sept heures par an.

La démarche commerciale

Elle est soutenue par l'entreprise de portage salarial qui assure et coordonne, s'il y a lieu, les actions commerciales menées à l'égard des clients les plus importants, dans le cadre des appels d'offres émis par les entreprises ou les organismes privés ou publics. Ceci suppose que l'EPS organise le développement de « temps collectifs » pendant lesquels les consultants pourront, sous la direction d'un responsable de l'EPS, échanger sur ces actions et les construire. Elle fait en sorte de mettre en relation les offres et les demandes de prestations de services intellectuels sous différentes formes possibles. Autant que possible, l'entreprise de portage salarial identifie des segments de marché particulièrement dynamiques et porteurs, permettant de faire évoluer les offres de prestations des consultants.

EN BREF…

- Le consultant en portage relève du statut cadre et est considéré comme télétravailleur.
- Un contrat de travail doit être signé avant le début de chaque mission.
- Un bulletin de salaire accompagné du règlement doit être remis chaque mois au consultant pendant la durée de sa mission.
- La société de portage doit effectuer les déclarations fiscales et sociales.
- Tout consultant a droit à des formations de sept à vingt heures par an.

CHAPITRE 12

Les idées reçues

Un certain nombre d'idées reçues circulent sur le portage salarial. Sans doute la diversité des offres qui sont apparues ces dernières années avec la naissance de petites structures encore mal organisées et la méconnaissance de cette nouvelle forme d'emploi ont-elles contribué à véhiculer quelques idées fausses.

Les entreprises préféreront toujours faire appel à un cabinet de consultants réputé.

FAUX. Les entreprises qui choisissent de faire appel à ces cabinets sont souvent déçues. En effet, s'appuyant sur leur notoriété, ces agences missionnent bien souvent des consultants juniors là où des consultants expérimentés seraient indispensables. Les cadres seniors, diplômés, expérimentés et compétents représentent 35 % des effectifs du portage.

Un cabinet de conseil reconnu présente plus de garanties pour le client qu'un consultant en portage salarial.

FAUX. Tout d'abord le contrat de mission est passé non pas entre un client et un consultant, mais entre un client et une société de portage. Et celle-ci présente les mêmes garanties que n'importe quel autre cabinet de conseil : la mission et les personnes concernées sont couvertes par l'assurance Responsabilité Civile Professionnelle obligatoire. La société de portage est responsable de la réalisation de la mission et en assure la continuité en cas de défaillance du consultant. Enfin, les grosses sociétés de portage ont un chiffre d'affaires, et donc une couverture financière, bien supérieurs à celui des petits cabinets.

Un client préférera toujours confier une mission importante à l'équipe d'un cabinet connu plutôt qu'à un ou plusieurs consultants en portage.

VRAI ET FAUX. Si la mission est importante, le consultant ne la réalisera pas seul. Il fera appel aux membres du réseau de sa structure de portage. Le client travaillera donc bien avec une équipe issue d'une même société, il n'aura qu'un interlocuteur et qu'une seule facturation. Mais il est vrai que le client est toujours libre de sacrifier la compétence individuelle au profit d'un label, d'une marque ou d'une image.

Le portage salarial est encore mal connu des entreprises ; en plus de se vendre, le consultant doit en expliquer le montage et le sérieux.

VRAI. C'est encore vrai, mais cela s'améliore. Les entreprises ont vite compris quels avantages le portage salarial pouvait leur apporter : souplesse à l'embauche, réactivité des consultants, économie du matériel de travail, simplicité de gestion de la rémunération. La présentation d'un contrat de prestations de service offrant les mêmes garanties que n'importe quel autre prestataire achèvera de convaincre les plus réfractaires.

Un consultant est un homme (une femme) seul(e).

FAUX. Par définition, celui qui choisit de travailler en free-lance souhaite être indépendant, mais n'est pas pour autant condamné à un travail exclusivement solitaire. Les sociétés de portage s'efforcent de permettre à leurs consultants de se rencontrer régulièrement. Les stages de formation dans lesquels ils croisent d'autres consultants sont l'un de ces moyens. Et nombreux sont ceux qui travaillent régulièrement en réseau.

Il est en outre tout à fait possible d'embaucher des collaborateurs au sein de la société de portage. Cela se passe très facilement par

« transfert d'honoraires », les honoraires du collaborateur étant tout simplement imputés, depuis le compte du consultant, sur celui du collaborateur qu'il a embauché. Le responsable des ressources humaines est toujours à la disposition du consultant pour mettre en place de tels montages.

Les échanges de pratiques sont nécessairement limités entre des consultants qui ne se rencontrent jamais.

FAUX ET VRAI. Rien n'interdit au consultant de rencontrer ses confrères, bien au contraire. Mais s'il ne participe pas aux réunions organisées par sa société de portage, s'il ne fait pas l'effort, ou s'il n'a pas envie de développer ces relations, de susciter des échanges, s'il ne prend aucune initiative dans ce sens, en effet sa pratique ne s'enrichira pas. Mais un consultant incapable de saisir les opportunités qui se présentent pour aller vers les autres et nouer des contacts, est-il vraiment fait pour ce métier ?

C'est un travail soumis à de forts à-coups et il est difficile de s'organiser.

FAUX ET VRAI. C'est vrai la première année. En effet, avant que l'activité ne se stabilise, elle se déroule de manière irrégulière et souvent imprévisible. Mais cela ne dure qu'un temps car dès le premier client, il est de plus en plus aisé pour le consultant de programmer ses interventions selon un calendrier satisfaisant pour les deux parties. À partir de la deuxième année, la planification des missions peut s'effectuer, parfois sur l'année entière, souvent sur le trimestre. Le consultant peut donc facilement organiser son temps.

C'est un travail multitâches qui demande des compétences variées.

VRAI. Et c'est même cela qui rend ce travail passionnant ! Alterner son travail d'expertise avec des actions créatives de communication, de prospection, de relations publiques, de recherche est beaucoup plus stimulant que de s'atteler jour après jour à des tâches répétitives. Impossible de s'ennuyer dans un tel contexte ! D'autant que l'absence de supérieur hiérarchique permet d'alterner ces séquences en fonction de ses choix et de son inspiration.

Le portage salarial coûte cher.

ARCHIFAUX. Tous les travailleurs indépendants savent qu'après avoir consacré les jours ouvrables à prospecter, préparer et assurer leurs interventions, ils doivent amputer chaque week-end d'une dizaine d'heures pour assurer la gestion administrative de leurs activités. Soit au moins quarante heures par mois.

Le coût moyen du portage est de 10 % du chiffre d'affaires Un consultant moyen génère environ 30 000 euros de recettes par an. Sa société de portage, qui va libérer ses week-ends en assurant la gestion administrative de ses activités, lui coûtera donc 3 000 euros, soit 250 euros par mois, soit encore 6,25 euros de l'heure. Où trouver une secrétaire personnelle compétente à ce tarif ?

En outre, pour le même coût, la société de portage assure le suivi de la facturation. Cela signifie que si des frais de recouvrement de créance s'avèrent nécessaires, ils peuvent être, en partie ou en totalité, pris en charge par la société de portage. Combien coûtent les services des cabinets de recouvrement de créances ?

Enfin, le consultant en portage profite, comme n'importe quel salarié, d'avantages bien supérieurs à celui du travailleur indépendant : sécurité sociale, mutuelle, droits aux Assédic, formation permanente, Assurance Responsabilité Civile. Et dans ce domaine de la protection sociale, il faut comparer non seulement le coût, mais aussi, et surtout, le risque.

Quant à la création d'entreprise, elle est beaucoup plus risquée. Certes, si l'affaire marche bien, le créateur touchera des bénéfices, mais que dire des risques qu'il encourt ? Combien de dépôts de bilan, à la fin de la deuxième année, ont entraîné le patrimoine personnel du créateur !

Il faut trouver de nouveaux repères, c'est déroutant.

VRAI. Pour passer du statut de salarié dans une entreprise à celui de consultant, il faut en effet trouver de nouveaux repères de métier. Si l'expertise développée reste évidemment la même, on doit y adjoindre rapidement de nouveaux métiers et apprendre à construire son offre, à la vendre, à communiquer. Il faut acquérir de nouveaux réflexes – car ce qu'attend un client est différent de ce qu'attend un employeur – changer d'état d'esprit et de vocabulaire, ne plus parler de CV mais de plaquette, d'entretien d'embauche, mais d'entretien de vente. Cela est certes vrai pour tous les travailleurs en solo, mais contrairement à un travailleur indépendant, le porté est formé et accompagné cet exercice par sa société de portage.

Les sociétés de portage promettent des formations, très superficielles.

VRAI PARFOIS, FAUX LE PLUS SOUVENT. Les sociétés de portage les plus attentives à leurs consultants font un effort tout particulier dans ce domaine. Certaines y consacrent jusqu'à 1,6 % de leur masse salariale au lieu des 0,9 % obligatoires. Formations à la conception du produit, à la communication, à la vente, elles sont essentiellement pratiques, pragmatiques et concrètes. Elles ne feront pas du consultant un vendeur professionnel, mais lui permettront d'appréhender et d'adapter les méthodes classiques de vente à sa personnalité et à son produit.

Les rentrées d'argent sont irrégulières, cela complique la gestion du budget personnel.

VRAI ET FAUX. Tout travailleur en solo rencontre le même problème, en particulier la première année. Mais contrairement à ce dernier, le consultant en portage est soutenu par sa structure. En effet, dès que l'activité se stabilise, que les clients sont fidélisés et que le chiffre d'affaires devient plus prévisible, la société de portage peut lui signer un CDI avec un salaire mensuel garanti.

Certains consultants se lancent puis abandonnent rapidement.

VRAI. À la différence de l'intérimaire qui effectue les missions que la société d'intérim a trouvées pour lui, le consultant porté recherche lui-même ses missions. Et cela fait toute la différence ! Être consultant en portage salarial implique d'avoir un minimum de sens et de goût du commercial, ce qui n'est pas le cas de tous les consultants débutants. Ceux qui, ne trouvant pas d'emploi dans une entreprise ou une société d'intérim, se sont engagés par défaut dans la voie du portage peuvent abandonner en effet assez rapidement.

La société de portage risque de me « piquer mes missions » pour les confier à quelqu'un d'autre ou de les garder si je la quitte.

FAUX. Pour rester en conformité avec le droit du travail, la société avec laquelle le consultant a signé un contrat doit devenir la société cliente de la société de portage. Pour éviter toute dérive, le contrat d'adhésion stipule en toutes lettres que le consultant conserve l'exclusivité du contrat qu'il a signé.

Être en portage renforce le sentiment d'insécurité.

VRAI ET FAUX. Une mission peut en cacher une autre ! C'est très souvent le cas, mais les consultants ne le savent pas toujours. Certains se sentent alors dans une situation d'insécurité parfois difficile à vivre. Pourtant, l'expérience montre qu'un consultant qui prospecte régulièrement, qui renouvelle ses produits, qui sait communiquer et entretenir son réseau de clients, renouvelle régulièrement ses missions. Il est vrai que des personnes trop anxieuses, ayant un grand besoin de sécurité, ne se sentiront pas à l'aise dans un tel statut et seront tentées de rejoindre le giron de l'entreprise. Mais celle-ci offre-t-elle aujourd'hui plus de garanties ?

La concurrence avec les gros cabinets qui proposent des prestations multimétiers est terrible.

FAUX. Les consultants ne sont pas en rivalité avec ces gros cabinets, car ceux-ci ne possèdent pas en interne l'ensemble de ces compétences. En fonction de leur carnet de commande, ils sous-traitent... à des consultants !

Annexes

1. Tableaux comparatifs des engagements des Entreprises
   de Portage salarial (EPS)
   – envers les consultants « portés »,
   – envers les clients,
   – envers les institutions.

2. Charte d'adhésion

3. Fichier de renseignements pour la réalisation
   du contrat de mission

4. Convention de formation professionnelle

5. Bon de commande

6. Demande de facturation

7. Note de frais mensuelle

1. TABLEAUX COMPARATIFS DES ENGAGEMENTS DES ENTREPRISES DE PORTAGE SALARIAL (EPS) ADHÉRENTES AUX TROIS SYNDICATS

I. ENGAGEMENT ENVERS LES CONSULTANTS « PORTÉS »

	Les entreprises adhérentes à l'UNEPS	Les entreprises adhérentes au SNEPS	Les entreprises adhérentes à la FENPS
Champ d'action		Elles s'engagent à n'accepter que des missions placées et réalisées sous leur propre responsabilité. Les activités de négoce et de fabrication sont exclues des activités possibles en portage salarial®.	
Accueil	Au service des portés toujours tu seras . En tant que client et à ce titre, toujours tu les respecteras.	…à rappeler à l'intervenant salarié l'indépendance qu'il doit assumer, dans le respect de la réglementation, dans l'organisation de son travail par rapport à l'entreprise cliente, sous réserve des dispositions relatives à son règlement intérieur et des consignes d'hygiène et de sécurité en vigueur.	Lors de la première réunion avec un nouveau porté, le responsable de l'entreprise de portage doit l'« accueillir » en lui présentant l'entreprise, ses méthodes de travail et ses règles de fonctionnement. Pour chaque porté un dossier doit être créé. Il doit être à jour en permanence et accessible à la demande du porté.
Assurance financière	Pour garantir leur chiffre d'affaires, assurance financière tu prendras.		

83

	Les entreprises adhérentes à l'UNEPS	Les entreprises adhérentes au SNEPS	Les entreprises adhérentes à la FENPS
Relation réglement facture/ réglement salaires	Dès paiement du client, la rémunération due toujours tu verseras.	Elles s'engagent à établir un contrat de travail débutant au plus tard le premier jour de la mission et à respecter l'ensemble de la réglementation propre au contrat de travail, y compris en ce qui concerne le versement périodique du salaire (indépendamment de l'échéancier de recouvrement des factures).	
Accompagnement	Assistance, conseil et formation à leur apporter tu t'engageras.	Voir la convention de portage.	En fonction des méthodes et des us et coutumes propres à chaque métier, un compte-rendu d'activité pourra être mis en place.
Autres services	Pour faciliter leur activité, une centrale d'achat tu leur proposeras.	Voir la convention de portage.	
Misen en réseau	Pour les aider dans leurs démarches commerciales, un réseau de compétences tu établiras.	Voir la convention de portage.	
Charte d'adhésion		Elles s'engagent à établir avec les candidats un cadre de référence conventionnel, arrêtant les obligations de chacune des parties préalablement à l'établissement effectif des contrats commerciaux et de travail et les conditions régissant leurs relations.	Cette convention a pour but de préciser les obligations des uns et des autres, entre eux et vis-à-vis du client du porté.

	Les entreprises adhérentes à l'UNEPS	Les entreprises adhérentes au SNEPS	Les entreprises adhérentes à la FENPS
Clientèle	Un statut d'indépendant et d'entière autonomie tu leur reconnaîtras.	Elles s'engagent à mentionner sur chaque contrat client établi par la société adhérente et sur les factures correspondantes, les noms du ou des intervenants salariés affectés à la mission objet dudit contrat. Les sociétés de portage salarial® adhérentes au SNEPS s'engagent à réserver aux intervenants salariés, dans leurs domaines de compétences, l'entière exclusivité de la clientèle prospectée par eux pour leur propre compte. Elles s'engagent à faire respecter par l'intervenant salarié son indépendance intellectuelle par rapport au client, dans les limites des règles de l'art.	La clientèle appartient au salarié autonome (porté) qui a fait la démarche commerciale.
Contrat de travail		Elles s'engagent à agir dans le respect des droits communautaires et français. Elles s'engagent à établir un contrat de travail débutant au plus tard le premier jour de la mission et à respecter l'ensemble de la réglementation propre au contrat de travail, y compris en ce qui concerne le versement périodique du salaire (indépendamment de l'échéancier de recouvrement des factures).	Le contrat précise les dates de début et de fin de la mission, les modalités financières et les règles de fonctionnement propres au portage et aux particularités éventuelles des clients.

	Les entreprises adhérentes à l'UNEPS	Les entreprises adhérentes au SNEPS	Les entreprises adhérentes à la FENPS
Correspondance temps de travail / temps de mission		Elles s'engagent à assurer la correspondance entre la durée de la mission (ou le temps de travail effectif), le contrat de travail et les bulletins de salaire.	
Facturation		Elles s'engagent à fournir à chaque intervenant salarié, à sa demande, un double de chaque facture émise pour son travail.	
Convention collective		Elles s'engagent à tenir à disposition de chaque salarié : 1. le règlement intérieur applicable dans la société adhérente ; 2. la convention collective appliquée et le lieu où elle est consultable.	
Sécurité financière		Elles s'engagent à ne pas spéculer sur la trésorerie dégagée par l'activité, à la gérer en « bon père de famille » et à faire en sorte qu'en permanence, le montant des compte clients et de la trésorerie (liquidités et placements) soit toujours supérieur ou égal aux engagements sociaux comptabilisés et provisionnés. Les sociétés de portage salarial® adhérentes au SNEPS s'engagent à réserver aux intervenants salariés, dans leurs domaines de compétences, l'entière exclusivité de la clientèle prospectée par eux pour leur propre compte.	

II. ENGAGEMENT ENVERS LES CLIENTS

	Les entreprises adhérentes à l'UNEPS	Les entreprises adhérentes au SNEPS	Les entreprises adhérentes à la FENPS
Contrat de mission		Elles s'engagent à fonder le lien contractuel de la mission sur un document écrit (contrat, lettre de proposition ou devis accepté ou bon de commande).	La société de portage doit transmettre au client du porté un contrat de mission (ou un devis à signer) qui précise les méthodes de fonctionnement et principalement les modalités financières.
Facturation		Elles s'engagent à établir systématiquement une facture pour toute prestation effectuée dont l'original est remis au client, et à fournir, après encaissement seulement, une facture acquittée si le client le demande. Le contenu ou la référence au contrat de mission sera reporté sur la facturation.	
Sécurité		Elles s'engagent à informer le client, à sa demande, sur sa situation vis-à-vis de l'URSSAF et de l'administration fiscale.	La société de portage doit transmettre au porté toutes les consignes propres à l'hygiène et à la sécurité et lui indiquer que, si nécessaire, il doit participer aux exercices incendie qui seraient éventuellement menés pendant sa mission.

87

	Les entreprises adhérentes à l'UNEPS	Les entreprises adhérentes au SNEPS	Les entreprises adhérentes à la FENPS
Assurance	Pour leur sécurité, R.C.P adaptée tu souscriras.	Elles s'engagent à être couvertes, comme toute société de conseil, par une assurance des risques de leur responsabilité civile et professionnelle en obligation de moyen (et non de résultat) et à fournir les attestations correspondantes à la première demande.	À la moindre demande, la société doit pouvoir fournir les preuves que les assurances liées à la responsabilité civile professionnelle ont bien été souscrites.
Déontologie		Elles s'engagent à respecter les règles déontologiques de la profession exercée par l'intervenant salarié et celles édictées par le syndicat professionnel correspondant.	La société de portage s'engage à faire respecter par le conseil porté les règles de la profession : indépendance vis-à-vis du client, respect des règles de fonctionnement, aucune critique envers le client, etc. La société de portage ainsi que le conseil porté s'engagent à respecter la plus totale confidentialité sur les travaux qui sont confiés au porté par l'entreprise cliente.

III. ENGAGEMENT ENVERS LES INSTITUTIONS

	Les entreprises adhérentes à l'UNEPS	Les entreprises adhérentes au SNEPS	Les entreprises adhérentes à la FENPS
Organismes sociaux	Parce que cela ne t'appartient pas, leurs charges sociales à l'URSSAF toujours tu règleras.	Elles s'engagent à procéder auprès de l'URSSAF à la Déclaration Unique d'Embauche (DUE) telle que prévue par la réglementation.	Préalablement à l'embauche, la société de portage doit impérativement transmettre la DUE à l'URSSAF. Cotisations sociales et fiscales : la société de portage doit être à jour de toutes ses cotisations sociales et fiscales.
Assurances		Les sociétés qui adhérent au syndicat s'engagent à n'accepter aucune prestation qui serait assimilable à une mission de travail temporaire.	À la moindre demande, la société doit pouvoir fournir les preuves que les assurances liées à la responsabilité civile professionnelle ont bien été souscrites.
Lien de subordination		L'organisation du travail de l'intervenant salarié qui réalise la mission sera totalement indépendante de l'autorité et de la hiérarchie de l'entreprise cliente.	
Concurrence		Les sociétés qui adhérent au syndicat s'engagent à n'accepter aucune prestation qui serait assimilable à une mission de travail temporaire.	

AD'MISSIONS®
Administrateur de compétences

CHARTE D'ADHÉSION

ENTRE LES SOUSSIGNÉS :
La Société " AD'MISSIONS ", SAS au capital de 150.000 Euros, RCS Nanterre B 412 383 234 dont le siège social est situé 120, avenue Charles De Gaulle - 92522 Neuilly-sur-Seine cedex,
représentée par Monsieur Gilles GUILHAUME
ci-après dénommée " AD'MISSIONS "

ET
Madame X
Domiciliée
Téléphone :
ci-après dénommée " l'adhérente ".
Cette adhésion est valable pour l'ensemble des Consultants futurs salariés des différentes sociétés portant l'enseigne Ad'Missions et intégrées au sein de l'U.E.S. Ad'Missions.

IL A ETE EXPOSÉ, d'une part :
qu'au regard de sa qualité d'expert dans les domaines ci-après listés :
• l'adhérente et/ou futur Consultante a notamment pour activité d'effectuer des missions d'intervention et/ou de formation, relevant de ses compétences ci-avant précisées, auprès d'entreprises, de collectivités locales, d'administrations, d'organismes internationaux, etc.
Pour exécuter les missions apportées par elle, dans les conditions qu'elle a elle-même retenues, l'adhérente retient " AD'MISSIONS " comme futur employeur.
" AD'MISSIONS " est intéressée à ce que l'adhérente exécute ses missions dans son cadre juridique et organisationnel.
La présente a pour objet d'organiser la collaboration entre " AD'MISSIONS " et " l'adhérente " tant au niveau de la recherche de ses missions que de leur exécution.

ET CONVENU, d'autre part, CE QUI SUIT :

Article 1 - Recherche de missions :

1.1 La recherche de missions est du ressort essentiel de l'adhérente.
1.2 " AD'MISSIONS " a pour vocation de prendre en charge la gestion du contrat de travail et des contrats commerciaux qu'aura prospectés l'adhérente.
1.3 " AD'MISSIONS " s'engage à fournir un conseil personnalisé et qualifié auprès de l'adhérente tout au long de leur collaboration.
1.4 " AD'MISSIONS " fera bénéficier ses futurs adhérents, futurs Consultants, de l'ensemble des droits de la convention collective Syntec/CICF ainsi que des accords d'entreprises applicables, notamment en matière de formation, de représentations des salariés et des garanties sociales.
1.5 L'adhérente pourra disposer, sur sa demande et de manière exceptionnelle, de moyens pouvant exister au sein d' "AD'MISSIONS ", tels que bureau non privatif et téléphone, par exemple.
1.6 Durant la phase de recherche de missions, les propositions de prestations de l'adhérente devront s'inscrire en tout état de cause – dans ses limites de compétences ci-avant précisées en page 1.

.../...

120 avenue Charles de Gaulle – 92522 NEUILLY SUR SEINE Cedex - Tél. : 01 41 92 98 60 – Fax : 01 41 92 98 61
Internet : http://www.admissions.fr – e-mail : contact@admissions.fr
S.A.S au capital de 150 000 € - R.C.S. NANTERRE 412 383 234 – Code APE 741 G – N° Formateur 11 92 09945

1.7 Il est expressément stipulé qu'" AD'MISSIONS " réserve à l'adhérente l'exclusivité de la clientèle qu'elle a elle-même démarchée au cours de sa recherche de missions.
Durant cette période, et en l'absence de contrat de travail, il ne peut donc exister aucun lien de subordination avec " AD'MISSIONS ". En vertu de quoi l'adhérente n'est aucunement investie d'un quelconque pouvoir d'engager en son nom propre, la Société " AD'MISSIONS ".
Il est toutefois souligné, qu'après aboutissement de ces négociations préalables, un contrat de prestation de conseil et de services sera signé entre l'entité utilisatrice et " AD'MISSIONS " et ce, en accord avec l'adhérente.

Article 2 - Exécution des missions convenues :

2.1 Les modalités d'exécution des missions ayant été convenues préalablement et directement entre la société Ad'Missions et l'adhérente, Madame X s'engage à les réaliser sous sa seule responsabilité en termes de bonne exécution.
L'adhérente mettra en œuvre toutes ses expériences et compétences professionnelles pour exécuter les missions convenues et ce, conformément d'une part aux conditions arrêtées directement avec l'entité utilisatrice et, d'autre part, dans le cadre des instructions données par " AD'MISSIONS " et précisées dans le contrat de prestation de conseil et de services.
" AD'MISSIONS " prendra en charge la Responsabilité Civile Professionnelle de l'ensemble des missions.
2.2 Dans tous les cas de figure, l'exécution des missions convenues fera l'objet de la rédaction d'un contrat de travail, conformément à la législation en vigueur, entre l'adhérent et l'une des sociétés du groupe U.E.S. Ad'Missions et ce, dans les limites néanmoins précisées dans l'article 4 du présent contrat.

Article 3 - Obligations de l'adhérent :

3.1 Madame X s'engage, dès le commencement de l'exécution de sa mission, à se soumettre à toutes les obligations générales ou spécifiques mentionnées tant dans le contrat de prestation de conseil et de services que dans le contrat de travail.
3.2 L'adhérente s'engage, sauf cas de force majeure, à terminer chaque mission ayant fait l'objet d'un commencement d'exécution.

Article 4 - Rémunération de l'adhérent futur Consultant :

4.1 Dans le cadre de l'activité de l'adhérente telle que définie en préambule, sa masse salariale s'exprime en pourcentage des honoraires (hors TVA) facturés et encaissés sur le compte ouvert à son nom dans les livres comptables d' " AD'MISSIONS ".
De ces honoraires hors taxes sont soustraits les frais de gestion administrative prélevés par " AD'MISSIONS " pour définir sa masse salariale.
La masse salariale de l'adhérente est proportionnelle au volume d'activité facturé et encaissé au cours d'une période de douze mois. Cette proportion est dégressive. Elle évolue de 12 % à 3 %, en fonction des différents paliers ci-dessous définis, franchis progressivement par le chiffre d'affaires cumulé, facturé et encaissé au cours de cette période :

- 88 % jusqu'à 30 000 euros (trente mille) ;
- 90 % de 30 001 euros (trente mille un) à 75 000 euros (soixante quinze mille) ;
- 92 % de 75 001 euros (soixante quinze mille un) à 120 000 euros (cent vingt mille) ;
- 95 % de 120 001 euros (cent vingt mille un) à 150 000 euros (cent cinquante mille) ;
- 97 % au-delà de 150 000 euros (cent cinquante mille).

Sa rémunération brute est obtenue en déduisant de sa masse salariale les charges sociales patronales et fiscales en vigueur.
4.2 Dans le cas où l'adhérente serait amenée à effectuer une mission hors du cadre prévu (mission partagée) à l'article 4.1, la rémunération – fixée conjointement au cas par cas – pourrait être négociée sur des bases différentes.

.../...

120 avenue Charles de Gaulle – 92522 NEUILLY SUR SEINE Cedex - Tél. : 01 41 92 98 60 – Fax : 01 41 92 98 61
Internet : http://www.admissions.fr – e-mail : contact@admissions.fr
S.A.S au capital de 150 000 € - R.C.S. NANTERRE 412 383 234 – Code APE 741 G – N° Formateur 11 92 09945

4.3 Il est expressément stipulé entre les parties que le crédit porté au compte de l'adhérente, ouvert dans les livres comptables d'" AD'MISSIONS ", portera sur les seules sommes encaissées par " AD'MISSIONS " et non sur les sommes facturées.

Dans cet esprit, l'adhérente aura comme souci, lors de la négociation préalable avec l'entité utilisatrice, d'obtenir le versement d'un acompte s'élevant à 30 % du coût global hors taxes de la mission, étant entendu que le paiement de cet acompte devra intervenir simultanément et conjointement à la signature du contrat de prestation de conseil et de services.

4.4 Il est très précisément convenu que la société " AD'MISSIONS " ne pourra, en aucun cas, être considérée comme l'employeur de l'adhérente. Il ne le sera que s'il y a signature d'un contrat de travail avec cette dernière.

Article 5 - Facturation des missions :

5.1 " AD'MISSIONS " assure la facturation aux entités utilisatrices des honoraires relatifs aux missions effectuées.

5.2 Il appartient à l'adhérente de faire diligence auprès de l'entité au profit de laquelle elle intervient pour recouvrer les sommes (acompte ou solde) dues par celle-ci au titre de travaux exécutés à son profit.

5.3 Dans le cas où l'entité utilisatrice contesterait les honoraires facturés, " AD'MISSIONS " se rapprocherait de l'adhérente pour rechercher un accord amiable. Dans le cas contraire, " AD'MISSIONS " s'assurera de la gestion des éventuels contentieux et relances.

5.4 Dans le seul but de permettre une évolution harmonieuse entre l'avancée des travaux convenus et la facturation qui lui est applicable, l'adhérente s'engage à tenir informée " AD'MISSIONS " de la progression de sa mission et de toutes les difficultés qu'elle pourrait éventuellement rencontrer pour la mener à bien.

Fait à Neuilly-sur-Seine, en double exemplaire dont un pour chacune des parties.

Le

Pour " AD'MISSIONS " SAS   L'adhérent
Monsieur Gilles GUILHAUME

(Signature précédée de la mention manuscrite " Lu et approuvé – Bon pour accord ")

120 avenue Charles de Gaulle – 92522 NEUILLY SUR SEINE Cedex - Tél. : 01 41 92 98 60 – Fax : 01 41 92 98 61
Internet : http://www.admissions.fr – e-mail : contact@admissions.fr
S.A.S au capital de 150 000 € - R.C.S. NANTERRE 412 383 234 – Code APE 741 G – N° Formateur 11 92 09945

3. FICHIER DE RENSEIGNEMENTS
POUR LA RÉALISATION DU CONTRAT DE MISSION

AD'MISSIONS®
Administrateur de compétences

Fiche de renseignements pour la réalisation du contrat de mission

Renseignements concernant le consultant

Nom du Consultant : _____
Tél : _____ / Fax : _____
Adresse email : _____ @ _____

Renseignements concernant la société cliente

Nom de la société : _____
Contact dans la société : _____
Forme juridique : _____
N° RCS, SIRET, SIREN : _____
Adresse du siège : _____
Code postal : _____ Ville : _____
Tél : _____ / Fax : _____
Adresse email (contact) : _____ @ _____

Renseignements concernant le signataire du contrat

Nom et fonction du signataire : _____

Renseignements concernant la mission
Objet de la mission :
_____
_____
_____
_____
_____

Date de début de la mission : ___ / ___ / _____ Durée de la mission : _____ jours
Lieu de réalisation de la mission : _____
Montant des honoraires (**HORS TAXE**) à facturer : _____ € (euros)

Échéancier de facturation : ☐ OUI ☐ NON
Nombre d'échéances (entourer) : 1 2 3 4 5 6 7 8 9 10 11 12
Merci de préciser le montant de chaque échéance
(exemple sur 3 échéances d'un montant HT de 2000 € : *1 = 1000 € ; 2 = 500 € ; 3 = 500 €*)
_____
_____
_____
_____

4. CONVENTION DE FORMATION PROFESSIONNELLE

AD'MISSIONS®
Administrateur de compétences

CONVENTION DE FORMATION PROFESSIONNELLE CONTINUE SIMPLIFIÉE

Entre : AD'MISSIONS, SAS au capital de 150 000 euros, enregistrée
sous le n° 11 92 09945 92.
Siège social : 120, avenue Charles de Gaulle – 92522 Neuilly-sur-Seine cedex
Représentée par Gilles GUILHAUME, Président.

Et : Société : ....
Madame Isabelle
Siège social : ....
Forme juridique : ....
N° RCS : ....
Adresse facturation : ....
Téléphone : ....

Article 1 AD'MISSIONS a pour objet de contribuer au développement de la formation et du perfectionnement professionnel.
L'organisme assume la formation de salariés dans les domaines précisés à l'article 2.

Article 2 L'action de formation visée à l'article 1 concerne :
• Désignation du contenu de la formation : ....
• Coût de la formation : ....
• Durée : ....
• Dates : ....
La formation sera assurée par : ....

Article 3 Effectif destiné à bénéficier du suivi susvisé : ....

Article 4 Objectif des séances : ....
....
....
....
....

Article 5 Programme de la formation / méthodes pédagogiques :
....
....
....
....

Article 6 Nos interventions seront facturées ainsi :
- facturation en fin de chaque mois des interventions effectivement réalisées.
La facture présentée par Ad'Missions sera payée à réception par :
☐ le client ☐ l'organisme collecteur (O.P.C.A)

Nom et adresse de l'O.P.C.A en cas de prise en charge : ....
Fait en double exemplaire à Neuilly Sur Seine,
Le ....

AD'MISSIONS   **SOCIÉTÉ**
Monsieur Gilles GUILHAUME   **Monsieur**

120 avenue Charles de Gaulle – 92522 NEUILLY SUR SEINE Cedex - Tél. : 01 41 92 98 60 – Fax : 01 41 92 98 61
Internet : http://www.admissions.fr – e-mail : contact@admissions.fr
S.A.S au capital de 150 000 € - R.C.S. NANTERRE 412 383 234 – Code APE 741 G – N° Formateur 11 92 09945

5. BON DE COMMANDE

AD'MISSIONS®
Administrateur de compétences

BON DE COMMANDE

SOCIÉTÉ CLIENTE

NOM DU CONSULTANT :

N° DU CONSULTANT : (attribué à la 1ère facturation)

* *Conditions générales : en complément des présentes
Conditions particulières, les conditions générales figurant en page 2
régissent les relations entre les parties*

RAISON SOCIALE :

CONTACT :

ADRESSE de facturation :

TEL : FAX :

ADRESSE EMAIL :

N°SIRET (obligatoire) :

N° TVA INTRACOMMUNAUTAIRE :

INFORMATIONS CONCERNANT LA MISSION

Date de début :

Date de fin :

Nombre de jours (si connu) :

Montant journalier : euros H.T.

Montant global H.T. (hors frais). : euros

(tva 19,6 %) Montant global T.T.C. : euros

☐ Forfait de frais : euros H.T.

☐ Frais au réel sur justificatifs (Frais de gestion de 5 % du montant plafonné à 50 € par facture

Objet de la mission (vous pouvez joindre une annexe si besoin)

FACTURABLE À RÉCEPTION : ☐ OUI ☐ NON

Merci de cocher 'OUI' ou 'NON', si vous souhaitez que l'on facture votre client à réception de ce bon de commande. Si 'NON', merci de renseigner l'échéancier de facturation ci-dessous

Délai de règlement Client (à préciser obligatoirement) :
☐ à réception ☐ 30 jours
☐ autre (à préciser

ÉCHÉANCIER DE FACTURATION (hors frais)

☐ Acompte à la commande euros H.T.

☐ Mensualités (dates et montants)

Échéance n° 1 le euros H.T.

Échéance n° 1 le euros H.T.

Échéance n° 1 le euros H.T.

Échéance n° 1 le euros H.T.

Échéance n° 1 le euros H.T.

Échéance n° 1 le euros H.T.

☐ Solde (facturé et fin de mission) euros H.T.

DATE :

Pour le Client :
(NOM, signature et cachet de la société obligatoire)

Votre signature vaut acceptation des conditions générales citées en page 2

120 avenue Charles de Gaulle – 92522 NEUILLY SUR SEINE Cedex - Tél. : 01 41 92 98 60 – Fax : 01 41 92 98 61
Internet : http://www.admissions.fr – e-mail : contact@admissions.fr
S.A.S au capital de 150 000 € - R.C.S. NANTERRE 412 383 234 – Code APE 741 G – N° Formateur 11 92 09945

▸▸

© Groupe Eyrolles

AD'MISSIONS®
Administrateur de compétences

Conditions générales

Les parties sont engagées par les conditions particulières énoncées en page 1 du bon de commande et par les présentes conditions générales dès la signature du bon de commande par le Client et AD'MISSIONS.

Article 1 – Consultant en charge

1.1 Cette mission sera réalisée par le Consultant d'AD'MISSIONS désigné dans le bon de commande, désigné « Le Consultant ». Le Consultant est désigné intuitu personae pour ces prestations et agréé à cet effet par le Client. Compte tenu du haut degré d'initiative que requiert la mission qui lui est confiée, le Consultant s'engage à mettre en œuvre tout son savoir faire pour en favoriser la bonne exécution.

1.2 A cet effet, il s'engage notamment à solliciter du Client toutes les informations nécessaires à l'accomplissement de son intervention. Il s'oblige à informer le Client et le Prestataire de tout empêchement ou contrainte pouvant affecter l'accomplissement de sa mission, quelle qu'en soit la cause. La responsabilité administrative reste entièrement à la charge du Prestataire (couverture sociale, accident de travail, etc.). La mission n'institue pas de lien de subordination entre le Client et le Consultant.

Article 2 – Lieu de réalisation de la mission

Le Consultant réalisera sa mission à partir de son domicile et / ou dans les bureaux du Client. Il pourra être amené à se déplacer partout où les nécessités de sa mission l'exigeront.

Article 3 – Honoraires, frais et facturation

3.1 Honoraires : Les parties sont convenues du prix hors TVA figurant aux conditions particulières du bon de commande.

3.2 Frais : Indépendamment du montant des honoraires, après approbation du client, les frais afférents au bon déroulement de la mission tels que acquisitions de fournitures, communications, frais de déplacement, de voyage, d'hébergement et annexes qui n'auraient pas été pris en charge directement par le Client seront facturés par AD'MISSIONS au Client. Les frais facturés feront l'objet d'une facturation complémentaire pour frais de gestion de 5 % du montant des frais facturés plafonnés à 50 EUR par facture.

3.3 Modalités de paiement et honoraires :
- 30 % du prix global hors taxes à la signature du présent bon de commande, le début des travaux intervenant après encaissement de ce montant.
- Chaque fin de mois, le Prestataire adressera au Client une facture égale aux 70 % restant sur le prix total convenu multiplié par la fraction suivante : temps réalisé sur temps prévu. La dernière facture prendra en compte dans les mêmes conditions le reliquat des sommes restant dues par le Client.
- Pour les missions d'une durée inférieure à 1 mois, une facturation totale des prestations est émise le 20 du mois courant. Les factures sont payables à réception (sauf dispositions spécifiques précitées sur le bon de commande). En cas de retard de paiement, AD'MISSIONS pourra facturer 5 % du montant hors TVA de la facture présentée, à titre compensatoire du préjudice subi par le Consultant.

Article 4 – Confidentialité

Le Prestataire et le Consultant s'engagent à considérer comme confidentielles, et entrant dans le champ d'application du secret professionnel auquel ils sont tenus, les informations de toutes natures relatives notamment aux activités du Client, à son organisation et à son personnel, que l'exécution de l'intervention les amènerait à connaître.

Ils s'engagent à ne pas divulguer lesdites informations à quiconque, sauf autorisation expresse écrite du Client, aussi longtemps que lesdites informations n'auront pas été portées à la connaissance de tiers par le Consultant lui-même.

Article 5 – Responsabilité du Prestataire – Obligation de moyens

Le Prestataire est responsable de l'achèvement de la mission, sauf cas de force majeure. Toutefois, il se verrait de facto dégagé de cette responsabilité si le Client ne fournissait pas en temps utile au Consultant l'ensemble des informations et moyens techniques nécessaires pour que celui-ci puisse mener à terme la mission.

Son obligation est une obligation de moyens.

Article 6 – Intégralité

Le présent bon de commande et ses avenants éventuels expriment l'intégralité des obligations des parties. Ils annulent et remplacent tout accord, correspondance ou écrit antérieurs.

Article 7 – Résiliation

7.1 Le présent bon de commande pourra être résilié de plein droit par chacune des parties aux torts de l'autre partie en cas de manquement aux obligations de cette dernière auquel elle n'aurait pas remédié dans le délai de quinze jours après une mise en demeure par lettre recommandée avec accusé de réception.

7.2 Le présent bon de commande se trouverait résilié de plein droit sans accomplissement d'aucune formalité en cas de décès ou incapacité notoire du Consultant, ou en cas de survenance d'un autre cas de force majeure rendant impossible la poursuite de la prestation de service.

7.3 Dans tous les cas, le montant des travaux réalisés et des frais engagés à la date de prise d'effet de la résiliation sera payé par le Client au Prestataire (paiement des honoraires) et au Consultant (remboursement des frais).

7.4 Il est précisé que le présent bon de commande ne sera pas modifié par le changement de contrôle, la modification de la forme sociale, l'apport ou la cession de tout ou partie de la société qui pourraient intervenir chez le Client, l'entité venant aux droits du Client relativement au présent bon de commande lui étant dans ce cas automatiquement substitué.

Article 8 – Droit applicable – Règlement des litiges

Le présent bon de commande est régi par le droit français. Les parties conviennent qu'en cas de différend sur son interprétation, son exécution et / ou sa résiliation, elles s'efforceront de parvenir à un règlement amiable. A défaut d'accord amiable, le Tribunal de Commerce de Nanterre, Hauts de Seine, sera seul compétent.

6. DEMANDE DE FACTURATION

AD'MISSIONS®
Administrateur de compétences

DEMANDE DE FACTURATION

SOCIÉTÉ CLIENTE

NOM DU CONSULTANT :

MATRICULE : (attribué à la 1ère facturation)

Votre R.R.H. : (votre interlocuteur chez AD'MISSIONS)

RAISON SOCIALE :

CONTACT :

ADRESSE de facturation :

TEL : FAX :

ADRESSE EMAIL :

N°SIRET :

N° TVA INTRACOMMUNAUTAIRE :

INFORMATION CONCERNANT LA PRESTATION

Date de facturation :

Date de règlement :

Montant à facturer : euros H.T.

Montant global T.T.C. : euros (TVA 19,6%)

Descriptif de la prestation

Frais à facturer au client (joindre les originaux des justificatifs)

DATE :

Consultant (NOM et signature obligatoire)

120 avenue Charles de Gaulle – 92522 NEUILLY SUR SEINE Cedex - Tél. : 01 41 92 98 60 – Fax : 01 41 92 98 61
Internet : http://www.admissions.fr – e-mail : contact@admissions.fr
S.A.S au capital de 150 000 € - R.C.S. NANTERRE 412 383 234 – Code APE 741 G – N° Formateur 11 92 09945

Le portage salarial

Détail des frais kilométriques (km)

Le barème indicatif du prix de revient kilométrique englobe la totalité des frais de déplacement (essence, amortissement, entretien, etc.)

AUCUN FRAIS D'ESSENCE NE SERA PRIS EN CHARGE

Date	Client	Lieu de départ	Lieu d'arrivée	Distance (km)	Barème de remboursement	Montant
						— €
						— €
						— €
						— €
						— €
						— €
						— €
						— €
						— €
						— €
						— €
						— €
		TOTAUX		—		— €
					(€/KM)	

Zone ci-dessous réservée à AD'MISSIONS

Visa d'AD'MISSIONS (Service Frais/Comptabilité)   *Visa du Consultant*

Nom du RRH : _____   Date : _____

Barème valide : _____   Signature : _____

PARTIE II

Le guide pratique

Le portage met en présence trois acteurs : le client, le consultant et la structure de portage. Le consultant trouve et réalise une mission auprès d'un client. Celui-ci ne souhaite pas salarier le consultant qui, de son côté, ne souhaite intégrer ni un statut de travailleur indépendant ni celui de profession libérale. La structure de portage fait le lien entre lui et l'entreprise. Elle signe elle-même le contrat avec le client et, à l'issue de la prestation, édite une facture que le client lui réglera. De son côté, le consultant signe, avec la structure de portage, un CDD correspondant au temps de sa mission. Il est salarié et rémunéré en fin de mois sur la base de la facturation sur laquelle la société de portage prélève un pourcentage (en moyenne 10 %) et déduit les charges sociales. Ainsi, le consultant reçoit un salaire net correspondant à environ 50 % de son chiffre d'affaires.

La structure de portage est garante de la réalisation de la mission auprès du client et du règlement de la facture auprès du consultant, qui est alors un salarié comme les autres, bénéficiant de la totalité des avantages sociaux : médecine du travail, retraite, droits à la formation, Assédic. Dégagé des tâches administratives, il peut alors se consacrer à son cœur de métier qui devient la relation client.

La structure de portage lui offre l'environnement nécessaire à la réussite de son projet en lui apportant l'encadrement de professionnels. Elle le conseille, lui propose des rencontres, des débats, des colloques. Elle met à sa disposition des bureaux pour ses rendez-vous, lui donne les moyens d'intégrer des réseaux de professionnels, l'aide à s'interroger sur ses motivations et ses objectifs, le conseille pour l'organisation matérielle de son activité et lui donne les moyens de définir son offre. Des formations spécifiques lui permettent de mettre en place une communication efficace, une prospection organisée et des entretiens de vente performants. Autant d'éléments qu'il ne maîtrise pas toujours et qu'il doit apprendre. C'est peut-être là, dans ces formations courtes, concrètes et pragmatiques que se trouve l'apport le plus intelligent et le plus fondamental de la structure de portage à son consultant. Car dans cet échange de compétences, c'est une partie gagnant-gagnant qui se joue.

Ce sont ces aspects du métier de consultant que cette seconde partie du guide vous propose de découvrir. Tout ce que le consultant débutant, aussi compétent soit-il dans sa spécialité, ne connaît pas toujours. Tout ce qui fait cruellement défaut à ceux et celles qui veulent entreprendre mais qui n'ont pas fait d'école de vente ni de marketing.

Tout au long de cette partie, vous découvrirez pour vous y aider le parcours de sept consultants qui ont choisi ce statut pour des raisons diverses. Ils ont de 30 à 64 ans. Certains ont eu l'expérience de l'entreprise, d'autres pas. Quelques-uns ont un projet bien structuré, d'autres tâtonnent encore. Comme vous, ils sont entreprenants, courageux, créatifs.

Suivez-les, ils vous ressemblent.

CHAPITRE 1

Des consultants comme vous et moi

Éviter les contraintes administratives : Étienne, 54 ans

Récemment licencié économique, ÉTIENNE dirigeait le service formation d'un grand groupe. Il a vécu très douloureusement une année de chômage, d'autant que ses trois enfants sont engagés dans des études longues et coûteuses. Après plusieurs mois de recherches infructueuses, il a compris qu'il approchait dangereusement de la limite d'âge et l'espoir de retrouver un poste satisfaisant s'est peu à peu éloigné. Très affecté par cette situation, il ne voit pas d'autre issue que de tenter la voie du travail indépendant. Mais il redoute les charges et les contraintes de la gestion administrative et souhaite pouvoir se consacrer entièrement à la formation. Il s'est donc tourné vers le portage salarial avec l'objectif de retrouver le niveau de son ancien salaire avant la fin de son indemnisation Assédic.

Prendre un second départ sans risque : Joël, 45 ans

Après avoir travaillé dans la restauration de luxe et géré des résidences hôtelières, JOËL a créé une entreprise de restauration à domicile qui a déposé le bilan au bout d'un an. Convaincu qu'il disposait pourtant d'une véritable expertise sur laquelle s'appuyer et soucieux de ne pas s'engager dans une nouvelle création d'entreprise, il s'est glissé dans la peau d'un consultant spécialisé dans la restauration et l'hôtellerie. Aujourd'hui, il relance des restaurants en perte de vitesse, pilote l'ouverture d'un nouvel établissement, travaille sur l'offre produit, le repositionnement de la carte, la formation du personnel. À ce jour, il ne projette pas de recréer une société. « *C'est*, dit-il, *une entreprise à trop haut risque.* » S'il parvenait à obtenir trois contrats de relance d'établissements par an, il serait très satisfait.

Reprendre une activité : Christine, 59 ans

Littéraire et documentaliste de formation, CHRISTINE a élevé ses enfants sans exercer régulièrement d'activité professionnelle. Toutefois, elle s'est intéressée de très près aux correspondances. Elle a coécrit un ouvrage sur le sujet et organisé bénévolement une exposition très appréciée du public et des critiques. Aujourd'hui, elle vit seule et doit reprendre un travail plus rémunérateur. Elle souhaite élargir son domaine d'intervention en proposant aux écoles, collèges et lycées des conférences sur la correspondance, et aux bibliothèques et médiathèques l'organisation d'événements littéraires. Elle s'est fixé deux ans pour stabiliser son activité et ses revenus, mais elle est bien consciente qu'elle manque de méthode pour engager cette prospection et qu'elle connaît mal le milieu professionnel. Sa structure de portage va l'aider en lui offrant des formations et un réseau.

Tester son projet : Sophie, 50 ans

Ancienne directrice commerciale d'une importante société de tissus, SOPHIE a choisi voici deux ans de changer radicalement de métier. Quittant volontairement le marché du textile, elle a préparé et réussi un CAP de cuisine et s'est inscrite à des cours de gestion avec le projet d'organiser le *catering* des tournages : assurer la restauration sur place aux équipes réalisant un film ou un concert lui permettra de rester en contact avec le milieu *people* qu'elle connaît bien, tout en gagnant sa vie. Malgré une étude de marché prometteuse, elle souhaite tester son projet avant de créer sa propre structure dans les deux années à venir. Elle compte sur le portage salarial pour lui donner cette opportunité.

Trouver un premier emploi : Farah, 30 ans

Titulaire d'une licence d'histoire de l'art et d'une maîtrise de sociologie, FARAH s'est orientée vers le tourisme, obtenant un DESS. Malgré cela, elle est allée de stages en CDD sans réussir à décrocher un emploi stable. En désespoir de cause, elle a passé et réussi le concours de Guide de la Ville de Paris. D'origine iranienne, elle est née en France et partage son cœur et ses racines entre Paris et Téhéran. Parfaitement trilingue français, anglais et persan, elle organise une fois par semaine la visite d'un quartier qu'elle connaît bien, le XVIIIe arrondissement et Montmartre. Elle souhaite étendre ses visites à d'autres quartiers, mais surtout vendre ses prestations à des tours opérateurs, des grands hôtels et à l'Office du tourisme de Paris. Elle aimerait trouver un CDI, mais se prépare à l'éventualité de développer, s'il le faut, un travail en solo.

Gérer librement son temps : Antoine, 35 ans

Passionné de moto, ANTOINE partageait sa vie entre son métier de DRH dans une entreprise de BTP et les rallyes auxquels il participait régulièrement. Il vient de quitter son entreprise et lance une activité indépendante de recruteur pour créer, un jour peut-être, son propre cabinet. Pour être libre de son emploi du temps, il a choisi la formule du portage salarial. Malgré une expérience professionnelle un peu courte, il a la conviction de maîtriser tous les aspects des ressources humaines et d'avoir suffisamment de relations avec des décideurs pour se lancer. Son objectif est de parvenir à équilibrer sa vie sur deux pôles : six mois de travail et six mois de compétition. L'avenir et l'expérience du portage lui diront s'il a raison.

Continuer à travailler après la retraite : Paul, 64 ans

PAUL vient de céder à son fils les parts d'une société familiale de fret international créée par son propre père. Le vide laissé par une activité professionnelle très intense l'angoisse beaucoup et il n'est pas prêt à prendre une retraite de pêcheur à la ligne serein. Il développe aujourd'hui, à temps partiel, une activité de conseil dans la sécurisation du fret auprès d'entreprises de transport européennes. Sa prochaine étape, dans quelques années, sera un engagement auprès d'associations caritatives internationales, sans doute dans le domaine logistique. Pour l'heure, il consacre une journée par semaine aux Restos du Cœur pendant la campagne d'hiver. Comme beaucoup d'autres (futurs) retraités, il a choisi la formule du portage salarial pour atterrir en douceur dans les cinq prochaines années.

Tous ces consultants, inspirés de personnes et de situations réelles, vous accompagneront page après page dans l'avancement de votre projet. Avec Étienne et Joël, vous vous poserez la question : « **Suis-je fait pour travailler en portage salarial ?** ». En suivant Joël et Christine, vous mettrez en place **l'organisation matérielle de votre activité de consultant**. Les exemples de Christine et de Sophie vous aideront à **développer vos réseaux**. Les hésitations de Sophie et de Farah vous montreront **comment définir votre offre**. Farah et Antoine vous feront découvrir **les finesses d'une communication bien pensée**. Vous suivrez Antoine et Paul dans leurs **phases de prospection** et accompagnerez Paul et Étienne dans leurs **entretiens de vente**. Enfin, avec Étienne, Christine, Sophie, Farah, Antoine et Paul, vous étudierez soigneusement **les propositions des différentes structures de portage salarial** afin de choisir la société qui vous correspondra le mieux.

CHAPITRE 2

Êtes-vous fait pour le portage salarial ?

Vous avez fait le choix de travailler de manière indépendante. Afin de vous donner toutes les chances de réussite, vous allez devoir vous interroger honnêtement sur **vos motivations, vos attentes et vos objectifs**. La réponse à cette question vous aidera à développer certaines de **vos qualités**, pour exercer **votre métier et vos savoir-faire** dans les meilleures conditions. Sans doute, après ce bilan, découvrirez-vous quelques lacunes qui deviendront alors **vos axes de progrès** prioritaires. **Votre société de portage** vous aidera à progresser. Le récit des expériences d'**Étienne** et de **Joël** vous invitera à poser les fondations de votre métier de consultant en portage salarial en réalisant **vos fiches personnelles**.

VOS MOTIVATIONS, VOS ATTENTES ET VOS OBJECTIFS

Vous ne vous êtes certainement pas engagé dans la voie du travail indépendant par hasard et les raisons qui vous ont poussé à franchir ce pas vont influencer l'ensemble de votre parcours. Aussi, avant de vous lancer, prenez le temps de réfléchir aux raisons de votre démarche : soyez lucide, et posez-vous les bonnes questions. Travailler de manière indépendante est-il un vrai choix ou un choix par défaut ? Avez-vous quitté l'entreprise de votre propre gré ou vous êtes-vous senti poussé dehors ? L'idée de travailler en solo suscite-t-elle chez vous un regain d'énergie ou au contraire vous procure-t-elle de l'angoisse ? Cherchez-vous à retrouver la sécurité du statut de salarié ? Souhaitez-vous déléguer l'aspect administratif de votre travail pour mieux vous consacrer à votre cœur de métier ? Ou tout simplement avez-vous soif de liberté, tant dans l'organisation de votre temps que dans celui de vos activités ?

Et si vous choisissez de travailler au sein d'une structure de portage, qu'en attendez-vous ? L'intégration à un réseau de consultants ? La possibilité de tester un marché et un produit ? Le moyen d'enrichir votre CV pour (re)trouver au plus vite un CDI dans une entreprise ?

Des réponses à ces questions se dégagera votre objectif prioritaire, c'est-à-dire le résultat que vous voulez atteindre. Que voulez-vous obtenir et en combien de temps ? La réponse est très importante, car tout au long, notamment de la période de lancement, elle vous servira de guide. Vous pourrez vous y reporter régulièrement afin de vérifier à quelle étape de votre parcours vous êtes arrivé et surtout si vous avancez dans la bonne direction. S'engager dans le travail indépendant est une aventure. Ne partez pas sans carte ni boussole ! Prenez le temps de réfléchir au résultat que vous souhaitez obtenir, attachez-vous à le définir selon des critères mesurables, réalistes et datés, et à l'énoncer avec précision et sans ambiguïté.

ÉTIENNE était directeur du service formation dans un grand groupe international. À la suite d'une restructuration, il a été licencié et a vécu très douloureusement cette éviction. Plusieurs mois de recherche d'emploi infructueuse l'ont amené à envisager un nouveau positionnement professionnel. Il s'engage donc dans la voie du conseil en formation au sein d'une entreprise de portage salarial. À défaut d'intégrer un nouveau poste fixe dans une entreprise, il s'est donné deux ans pour retrouver son salaire antérieur.

JOËL avait créé une entreprise de restauration à domicile, mais a dû déposer le bilan l'an passé. Échaudé par cette expérience, convaincu de son expertise professionnelle mais certainement pas de ses qualités de gestionnaire, il a fait le choix de se spécialiser comme conseil dans la relance d'établissements de restauration en perte de vitesse. Il compte sur le soutien d'une société de portage pour prendre ce nouveau départ.

VOS QUALITÉS

À travers le terme de « qualité », il ne s'agit pas bien entendu de porter des jugements de valeur sur une bonne ou une mauvaise manière d'être, mais plutôt de définir vos talents ou vos aptitudes particulières et d'identifier ce qui vous caractérise, vous différencie, vous « qualifie ».

Être capable de travailler et de s'organiser seul

Voilà la condition de base pour mener à bien une carrière en solo. Il n'est pas toujours facile de cadrer son emploi du temps et ses activités quand personne d'autre que soi ne les contrôle et de ne pas être tenté de remettre à demain ce qui ne paraît pas immédiatement urgent. C'est pourtant de la régularité de votre travail que dépend votre réussite.

Être patient et tenace

Cette qualité va de pair avec la rigueur de votre organisation, car les résultats ne viennent jamais immédiatement. Il faut persévérer, avancer jour après jour, même dans les périodes où vous avez le sentiment que rien ne se passe.

Savoir faire son autocritique

Cela vous permettra de comprendre pourquoi, parfois, vous n'obtenez pas les résultats escomptés. Reconnaître que vous pouvez vous tromper et tirer la leçon de vos échecs en acceptant de modifier votre offre, d'améliorer vos techniques commerciales ou votre comportement – peut-être même votre « look » – est une remise en cause indispensable car, dans ce domaine, c'est toujours le marché et le client qui ont raison.

Accepter un certain seuil d'incertitude financière

C'est le propre de tout travailleur indépendant qui se lance : votre salaire n'est effectif que s'il est alimenté par des missions. Mais cette incertitude se manifeste surtout dans la période de lancement, car dès le premier contrat, votre société de portage vous

signe un CDD de la durée de la mission. Et lorsque vous aurez
fidélisé ce client, vous pourrez signer un CDI avec un salaire
minimum garanti chaque mois. Il faut donc que vous preniez
votre mal en patience lors de vos premiers mois d'activité.

Être adaptable

Cela se révèle une qualité indispensable pour effectuer des
missions ponctuelles dans des entreprises variées. Vous devez être
capable de vous adapter rapidement à des milieux, des cultures,
des valeurs, des habitudes, des hommes et des femmes différents.
Vous serez parfois surpris, ou même choqué, mais ne devrez
jamais rien laisser paraître. Ce nomadisme professionnel implique
une grande souplesse et beaucoup d'ouverture d'esprit.

> ÉTIENNE ne vient pas au portage par choix. Il a le sentiment très désagréable d'avoir été mis sur la touche en raison de son âge, il commence à douter de lui. Il craint de ne pas savoir s'organiser seul et redoute la période de démarrage pendant laquelle ses ressources seront incertaines. Toutefois, dans l'exercice de sa fonction de formateur, il a souvent été conduit à s'adapter, à écouter, à faire preuve de diplomatie. Ces qualités lui seront très utiles dans son nouveau métier.

> JOËL est un personnage convivial, bon vivant et chaleureux. Que ce soit dans un grand restaurant ou au bar tabac du coin, il attire immédiatement les regards et la sympathie. Réfractaire à la notion de hiérarchie, il travaille seul depuis longtemps, avec une alternance de réussites flamboyantes et d'échecs retentissants. Autant dire qu'il est habitué aux fluctuations de son compte en banque et qu'elles ne l'effraient plus. Son épouse en revanche aimerait bien qu'il stabilise sa situation financière en acceptant de reconnaître les erreurs qui ont failli le conduire au dépôt de bilan. Elle espère que le cadre souple d'une structure de portage pourra l'aider à organiser son activité sans lui faire perdre son originalité et sa créativité.

VOTRE MÉTIER ET VOS SAVOIR-FAIRE

Vous possédez déjà un métier. C'est celui que vous exerciez dans
votre précédent poste ou pour lequel vous avez fait des études.
Votre statut de consultant indépendant et en portage vous oblige
pourtant à déborder largement de votre « cœur de métier » et à
vous préparer à devenir un vrai pro dans d'autres domaines.

La maîtrise des outils informatiques

Elle est aujourd'hui indispensable dans la plupart des métiers et, en ce qui vous concerne, vous ne pouvez pas vous en passer. Pour rédiger vos courriers et vos propositions, il vous faut maîtriser le traitement de texte. Pour organiser votre prospection commerciale, vous devez utiliser une base de données. La maîtrise de la fonction « dessin » vous permet de réaliser vous-même vos documents commerciaux. Et si vous souhaitez aller plus loin, vous pouvez utiliser Power Point pour vos présentations vidéo. Tout cela s'apprend par la pratique et, comme pour la vente et la communication, votre société de portage peut vous apporter la formation de base.

La communication

Elle tient, elle aussi, une place importante dans vos activités, car si vous ne vous faites pas connaître, qui viendra vous chercher ? Jusqu'alors, sans doute avez-vous régulièrement utilisé votre CV. Il est aujourd'hui tout à fait insuffisant. Vous allez devoir passer à la vitesse supérieure et concevoir des outils de communication plus performants. Là encore, votre société de portage peut mettre à votre disposition les formations nécessaires à la réalisation, en particulier de vos documents commerciaux.

La vente

Dans ce contexte, c'est votre second métier et c'est tout particulièrement dans ce domaine que vous devrez faire porter vos efforts. Pour travailler, vous devez vendre, c'est-à-dire développer et fidéliser une clientèle. Cela, personne ne le fera pour vous, et contrairement à un chef d'entreprise qui peut déléguer la partie commerciale à un collaborateur, vous devez assurer vous-même cette partie essentielle de votre travail. Si vous ne connaissez pas encore les méthodes et les techniques de ce nouveau métier, il vous faut les découvrir et les pratiquer. Votre structure de portage, qui a comme vous tout intérêt à voir progresser votre chiffre d'affaires, peut vous y aider par des conseils et surtout des formations.

Ne s'étant jamais confronté à la vente, ÉTIENNE redoute beaucoup cet aspect de son nouveau métier. Il est convaincu que les qualités de vendeur sont génétiques et a beaucoup de doutes quant à ses capacités à développer une clientèle personnelle. Il se reconnaît tout de même un certain savoir-faire de communicant qui l'a souvent aidé à sortir de situations difficiles.

Il ne fait aucun doute que JOËL possède de grandes qualités de communicant. À commencer par son rire… communicatif ! Sa convivialité, ses enthousiasmes et ses colères font de lui un personnage que l'on n'oublie pas, et sa connaissance du milieu de la restauration lui vaut une place d'expert que personne ne lui conteste. Électron résolument libre et débordant d'énergie, il travaille seul depuis toujours. En effet, qui pourrait le suivre dans une organisation du travail inspirée d'abord par le plat du jour !

VOS AXES DE PROGRÈS

À la lecture des pages précédentes, vous avez déjà pu identifier vos points forts et vos points faibles. Appuyez-vous sur les premiers, ils vous donneront confiance. Et demandez-vous comment améliorer les seconds.

Dans votre société de portage, le responsable des ressources humaines est votre premier interlocuteur. Contrairement à un chef de service ou à un patron, il n'est pas là pour vous juger ni vous évaluer, mais pour vous aider à progresser, et vous pouvez donc sans crainte lui faire part de vos manques et de vos inquiétudes. Le plus souvent, il vous rassurera et vous confirmera que vous n'êtes pas le seul, loin de là, à vous poser des questions sur votre pratique. Il pourra vous conseiller et vous orienter vers des formations conçues spécialement pour les consultants comme vous.

L'expérience du terrain est formatrice. Lancez-vous ! Les incertitudes financières disparaîtront au fur et à mesure que votre activité se développera, les doutes éventuels que vous pourriez avoir sur votre légitimité s'évanouiront dès que vous aurez réalisé et réussi quelques missions. Quant à la démarche commerciale, une pratique régulière la transformera en formalité.

ÉTIENNE a fait le point sur ses qualités et ses savoir-faire. Il sait que l'adaptabilité et les qualités de communicant dont il faisait preuve dans sa fonction de formateur l'aideront à aborder l'aspect commercial qu'il redoute tant. Il est prêt à se former et à apprendre les techniques de vente, même si elles lui paraissent faire partie d'un autre monde !

JOËL est un fonceur ! Il n'a pas encore fait précisément le point sur les erreurs qui l'ont conduit au dépôt de bilan, mais il a besoin d'action et est pressé de se lancer ! Habitué à décider seul, il éprouve des difficultés à accepter les critiques et persiste à penser qu'il n'est pas utile de traiter les problèmes avant qu'ils se présentent. Il fait entièrement confiance à ses capacités de vendeur. Il pense qu'il appartient à cette race de commerçants capables de vendre des frigidaires aux Inuits ou des bacs à sable aux Touaregs. Il a pourtant frôlé la faillite et ses erreurs de gestion ne sont peut-être pas les seules responsables de cet échec. Il lui faudra sans doute revoir ses méthodes. Mais sera-t-il capable d'une telle remise en question ?

VOTRE SOCIÉTÉ DE PORTAGE

Un certain nombre de critères doivent déterminer le choix de votre structure de portage. À cette étape de votre parcours, nous nous intéressons à votre premier rendez-vous.

Dès ce premier contact, renseignez-vous sur les personnes qui administreront votre compte. Sans doute y aura-t-il un comptable qui gérera vos factures, un gestionnaire des salaires et un responsable des ressources humaines. Si la société de portage n'est pas importante, une même personne pourra assurer plusieurs de ces tâches.

Informez-vous tout d'abord sur le *turnover* qui règne au sein de l'entreprise. Si celui-ci est important et que les employés ne restent que quelques mois, sachez que vous n'aurez jamais le même interlocuteur et donc que personne ne sera jamais en mesure de vous aider véritablement dans le temps. En revanche, si le personnel est stable, vous aurez la possibilité d'entretenir une relation professionnelle suivie beaucoup plus intéressante.

Ensuite, demandez que vous soit remise la convention de portage dont nous avons longuement parlé dans le chapitre 8, en première partie de cet ouvrage. Vérifiez s'il existe sur cette convention une partie consacrée à l'accompagnement du consultant et à la formation. Faites-vous préciser les conditions d'accès aux formations annoncées, sachant que les sociétés de portage sérieuses non seulement organisent, mais offrent ces formations à leurs consultants.

Si vous n'obtenez pas de réponse à ces questions, si la convention de portage ne vous est pas remise, tournez les talons. Dans le cas contraire, vous pouvez demander à connaître et à rencontrer votre futur responsable des ressources humaines pour savoir si le courant passe entre vous.

> ÉTIENNE a visité plusieurs sociétés de portage avant de trouver la bonne. Très sensible à l'accueil que lui réservaient les jeunes responsables des ressources humaines, il a cependant mis un certain temps à trouver le bon interlocuteur qui a su l'écouter, lui proposer des formations adaptées, mais surtout le rassurer en lui offrant les conseils de gestion qui lui permettront de stabiliser son budget sur les deux années à venir en remplaçant progressivement ses indemnités Assédic par un salaire.

> JOËL a fini par accepter l'idée de se faire accompagner dans la gestion de sa nouvelle activité par une société de portage. Pour faire connaissance, il aurait bien aimé inviter le directeur à déjeuner dans un bon restaurant, mais il a dû se contenter de rencontrer un responsable des ressources humaines dans un bureau de la société. Celui-ci a été séduit non par la truculence du personnage, mais par son expertise, son expérience et ce qu'il a perçu de créativité en Joël. Il lui a proposé une nouvelle rencontre avec le DRH pour étudier produit et positionnement. Joël a accepté.

VOS FICHES PERSONNELLES

Ces tableaux vous aideront à identifier tous ces éléments : motivations, attentes, objectifs, qualités et savoir-faire. Répondez aux questions, puis notez celles auxquelles vous avez répondu « non » et réfléchissez au meilleur moyen de combler ces manques. N'oubliez pas que votre structure de portage peut vous soutenir dans votre travail par des conseils, des formations et l'intégration à un réseau de consultants.

FICHE N° 1. VOS MOTIVATIONS			
VOS MOTIVATIONS	JOËL	ÉTIENNE	VOUS
Avez-vous quitté l'entreprise de votre plein gré ?	NON	NON	
L'idée de travailler en solo suscite-t-elle chez vous un regain d'énergie ?	OUI	NON	
La sécurité du statut de salarié vous rassure-t-elle ?	OUI	OUI	
La délégation de la gestion administrative est-elle importante pour vous ?	OUI	OUI	
Êtes-vous heureux à l'idée de gérer librement votre temps et vos activités ?	OUI	NON	

FICHE N° 2. VOS QUALITÉS			
VOS QUALITÉS	JOËL	ÉTIENNE	VOUS
Pensez-vous que vous êtes capable de vous organiser seul ?	OUI	NON	
Êtes-vous patient et tenace ?	OUI	OUI	
Êtes-vous souple, adaptable, diplomate ?	OUI	OUI	
Pensez-vous pouvoir rester serein pendant quelques mois, malgré un certain seuil d'incertitude financière ?	OUI	NON	

FICHE N° 3. VOS SAVOIR-FAIRE			
VOS SAVOIR-FAIRE	JOËL	ÉTIENNE	VOUS
Quel est votre métier ?	La restauration	Les ressources humaines	
Quelle est l'expertise que vous voulez vendre ?	La relance d'établisse-ments en perte de vitesse, la création de nouveaux restaurants	Le recrutement	
Pensez-vous qu'il vous sera facile de vendre votre expertise ?	OUI	NON	
Pensez-vous que vous saurez commu-niquer sur votre pro-duit ?	OUI	NON	
Maîtriser-vous les outils de base de l'informatique (traite-ment de texte, navi-gation Internet) ?	OUI	OUI	

FICHE N° 4. VOS OBJECTIFS			
VOS OBJECTIFS	JOËL	ÉTIENNE	VOUS
Rédigez le résultat que vous souhaitez obtenir en commen-çant votre phrase par « Je dois... »	Je dois relancer mes activités...	Je dois avoir retrouvé mon ancien salaire...	
... et terminez votre phrase par la date à laquelle cet objectif doit être atteint.	...dans l'année	...dans deux ans	

Chapitre 3

Votre organisation

La liberté que vous vous octroyez en choisissant de travailler en indépendant a sa contrepartie : la contrainte d'une organisation rigoureuse. **Votre emploi du temps** est le premier élément à envisager ainsi que le choix de **vos espaces de travail**. Vous devez penser à **vos investissements** de base, de manière à bâtir **votre budget de départ**. **Votre société de portage** sera dès maintenant un allié de taille, comme le démontre le parcours de Joël et Christine, dont l'exemple vous aidera à établir **vos fiches organisationnelles**.

VOTRE EMPLOI DU TEMPS

Nous l'avons vu au chapitre précédent, le consultant en portage n'a pas un métier mais *des* métiers. Son travail n'est pas linéaire, mais consiste en une succession de temps consacrés à des tâches diverses. Entre le temps du commercial, de l'administratif, du ressourcement et de la production, les frontières sont floues, et certains domaines sont souvent trop développés tandis que d'autres ne le sont pas assez. Pourtant, seule une bonne répartition de ces activités peut vous permettre de suivre l'évolution de votre activité, d'établir un budget prévisionnel, de gérer votre trésorerie et de vous fixer des objectifs réalistes.

Le temps de travail

Il se calcule sur l'année. Sur les 52 semaines qui la composent, vous devez enlever 8 semaines, car les vacances scolaires rythment l'activité économique. Vous comptez donc 220 jours de travail sur l'année.

Le temps du commercial

Il comprend la mise en place et la mise à jour du fichier, la prospection téléphonique, les rendez-vous et l'animation de votre réseau de connaissances. Vous devez y intégrer la conception et la réalisation des documents commerciaux ainsi que la mise au point de votre offre. Tout cela représente environ 30 % à 40 % de votre temps de travail, soit environ 77 jours par an.

Le temps de l'administratif

Il est réduit au minimum grâce au soutien de votre société de portage. Comptez au maximum une journée par mois pour l'envoi de votre relevé d'activité et de vos notes de frais, ainsi qu'un rendez-vous régulier avec votre responsable des ressources humaines, soit 12 jours par an.

Le temps du ressourcement

C'est bien souvent le grand oublié des plannings. Pourtant il est indispensable, même s'il n'est pas immédiatement rentable. Salons, rencontres, formations, lecture de la presse spécialisée... En accordant une place importante à la formation, comptez deux jours par mois, soit 22 jours par an.

Le temps de la production

C'est celui qui reste lorsque vous aurez soustrait le temps des activités que nous venons de citer. Il vous reste donc environ cent dix jours disponibles pour la production, soit 10 à 11 jours par mois. C'est sur cette base que vous calculerez votre prix de journée et que vous pourrez établir votre budget prévisionnel.

Le rapport entre le temps du commercial et celui de la production évolue dans les premiers mois de l'activité, le premier diminuant au fur et à mesure que le second augmente jusqu'à la stabilisation de votre activité.

Nombre de jours d'activité par mois

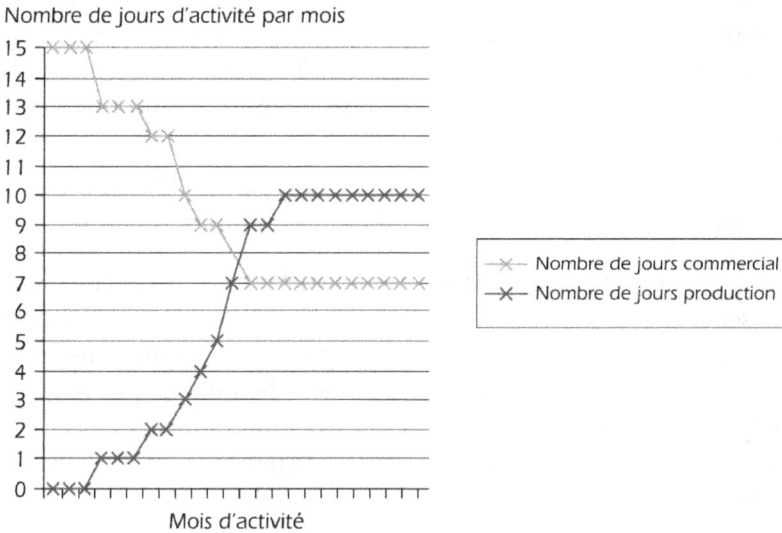

Évolution des temps de commercial et de production
sur deux ans

JOËL est très dubitatif quant à la nécessité d'une organisation aussi rigoureuse. Il a du mal à faire la distinction entre les différents temps ! Un bon déjeuner au restaurant est à la fois un temps de ressourcement, de prospection commerciale et pourquoi pas de production. Quant à l'administratif, il le fera… quand il aura le temps !

CHRISTINE a 59 ans et une formation de documentaliste. Elle a élevé ses enfants sans exercer véritablement sa profession. Littéraire, passionnée par les correspondances, elle a écrit un ouvrage sur le sujet et aujourd'hui elle intervient dans les écoles où elle anime des ateliers d'écriture. Rigoureuse, elle a déjà organisé son planning de démarrage : deux jours de commercial et deux à trois jours d'intervention par semaine sans dépasser cent dix jours par an. Son temps de ressourcement se confond avec son temps de loisir qu'elle passe dans les librairies, bibliothèques et expositions. Elle prévoit une bonne journée d'administratif par mois et des rencontres régulières avec son responsable des ressources humaines, car elle sait qu'elle doit affiner et élargir son offre.

Vos espaces de travail

Chez vous

C'est à la maison que se déroule la plus grande partie de votre activité professionnelle. Il est donc indispensable que vous puissiez y consacrer un espace privilégié et l'idéal est de disposer d'une pièce dédiée. À défaut, un simple bureau en fera office, mais il est important que ce lieu puisse, au moins à certains moments de la journée, être isolé du bruit et de l'activité familiale.

À l'extérieur

Mais c'est à l'extérieur que vous rencontrez vos clients et en général au sein de leur entreprise. Toutefois il peut arriver que certains d'entre eux souhaitent être reçus par vous. À moins que votre bureau ne soit parfaitement isolé de votre lieu de vie personnel, il est préférable que ces rencontres se déroulent à l'extérieur. Dans ce cas, pensez à votre société de portage qui peut mettre un bureau à votre disposition pour le temps de votre rendez-vous.

> JOËL avait installé le bureau de son entreprise dans le sous-sol de son pavillon. Il continuera d'y travailler, mais la rusticité des lieux ne lui permettra pas d'y recevoir ses clients. Plutôt qu'un bureau anonyme, il a toujours préféré inviter ses clients à dîner ou au bar d'un grand hôtel. Il gardera cette habitude.

> CHRISTINE s'est depuis longtemps déjà aménagé un lieu de travail très personnel. Son bureau est installé dans une pièce minuscule – « *Mon placard !* », dit-elle – sur le même palier que son appartement. Certes, elle ne peut y recevoir personne, mais elle y est à l'abri des sollicitations extérieures. Jusqu'alors, elle a toujours rencontré ses clients sur leurs terres, mais elle ne manquera pas d'utiliser un des bureaux de sa société de portage si le besoin s'en fait sentir.

Vos investissements

Les investissements nécessaires au lancement de votre activité ne sont pas considérables. Il ne faut toutefois ni les négliger ni les sous-estimer. Par définition, vous êtes un travailleur nomade et votre équipement doit être pensé en conséquence.

L'ordinateur portable avec une connexion Wi-Fi

C'est la base de votre bureau ambulant. Il est incontournable aussi bien pour effectuer les tâches régulières que pour stocker vos informations. Ayez la prudence d'y adjoindre une bonne clé USB et/ou un disque dur externe afin de sauvegarder régulièrement vos données.

Le logiciel Word

Cet outil de bureautique a l'avantage d'être compatible avec les Mac et les PC et comprend toutes les opérations de base : traitement de texte, tableur, fichier et dessin.

L'imprimante

Elle constitue le prolongement direct de l'ordinateur. Choisissez un bon modèle, avec les fonctions fax, scanner et photocopieuse vous permettant de réaliser une partie de vos documents commerciaux.

Le téléphone

Il peut être mobile, mais la ligne fixe est préférable. Vous pouvez avoir un abonnement dédié au travail ou conserver le vôtre.

Les fournitures de bureau

Elles sont classiques, mais apportez un soin particulier au choix du support de vos courriers clients. La couleur, le grammage, la qualité du papier donneront de vous une certaine image. Les accessoires, tels que l'agenda, les porte-documents, le stylo apporteront, eux aussi, votre touche personnelle.

La garde-robe

Celle-ci n'est pas à négliger car chaque entreprise a son « *dress code* ». Dans certaines sociétés, la cravate est incontournable, dans d'autres le jean est le bienvenu. À vous de repérer rapidement ces différences de style et d'y ajuster votre « look » sans pour autant vous déguiser.

JOËL a déjà tout l'équipement de bureau nécessaire. C'est plutôt son look qui laisse à désirer. Sa surcharge pondérale prouve à l'évidence que les bonnes tables n'ont pas de secret pour lui. Mais s'il veut travailler pour des restaurants diététiques ou végétariens, peut-être lui faudra-t-il faire l'effort de retrouver une silhouette plus « santé ».

CHRISTINE travaille de manière encore très artisanale. Comme Madame de Sévigné, comme Anaïs Nin, dont elle a lu et relu les correspondances, elle aime écrire à la main et choisit toujours ses stylos et son papier avec beaucoup de soin. Allergique au traitement de texte et donc aux imprimantes, elle n'est pas encore bien équipée. Elle envisage à contrecœur d'investir dans un ordinateur, mais en revanche, elle adhère tout à fait à l'idée d'améliorer son look par l'achat de quelques tenues adaptées à ses nouvelles activités.

VOTRE BUDGET DE DÉPART

Il vous appartient maintenant de chiffrer ces dépenses. Vous constatez que l'investissement financier est beaucoup plus léger que celui qui vous aurait été nécessaire pour créer votre entreprise, d'autant que le montant de vos frais d'équipement pourra être exonéré de charges sociales et fiscales dès votre première mission. Si vous êtes déjà indemnisé par les Assédic, la reprise d'une activité salariée n'interrompra pas les versements qui seront simplement recalculés chaque mois en fonction de vos revenus. Ils accompagneront votre démarrage jusqu'à ce que vous ayez retrouvé 70 % de votre salaire antérieur, à condition que vos missions ne dépassent pas 110 heures par mois.

Vous pouvez donc, dès maintenant, ébaucher un budget prévisionnel approximatif pour votre année de démarrage. À vos indemnités Assédic, vous ajoutez d'éventuels autres revenus personnels, desquels vous déduisez vos charges courantes et vos dépenses d'investissement. La différence vous donne le montant des missions que vous devez obtenir pour l'année. Vous divisez ce montant par le nombre de jours que vous souhaitez consacrer à la réalisation effective de vos missions, et vous obtenez votre salaire journalier souhaité. Pour intégrer les charges sociales et les honoraires de la structure de portage, multipliez ce chiffre par deux et vous obtenez votre tarif client journalier. S'il se situe entre 600 et 900 euros, votre budget prévisionnel de consultant débutant tient la route. S'il est différent, vous devez revoir votre copie. Dans ce cas, n'hésitez pas à demander conseil au responsable des ressources humaines de votre société de portage.

Cette partie du budget est insignifiante pour JOËL qui possède déjà tout l'équipement de bureau. Mais en tant qu'ancien gérant d'une société de restauration, il ne touche pas d'indemnités Assédic. Ses charges personnelles sont de 2 000 euros par mois, soit 24 000 euros par an. Il souhaite effectuer une journée de mission par semaine, soit quarante-quatre jours par an. Son salaire journalier serait alors de 550 euros par jour. En intégrant les charges sociales et les honoraires de sa structure de portage, il devra facturer 1 100 euros par jour à ses clients.

CHRISTINE doit envisager un véritable budget de départ, car si elle veut être efficace, elle ne pourra pas se passer de matériel informatique. Son budget d'investissement sera de 1 000 à 2 000 euros. Récemment divorcée, elle reçoit chaque mois une pension alimentaire de 500 euros et ayant effectué un CDD dans une médiathèque, elle touche 300 euros d'indemnités Assédic. Ses charges personnelles sont de 2 000 euros par mois. Son budget annuel s'établit ainsi : charges personnelles annuelles + investissement de base : 24 000 + 1 825 = 25 825 euros. Revenus personnels annuels + Assédic = 6 000 + 3 600 = 9 600 euros. Son salaire annuel net minimum doit être de : 25 825 − 9 600 = 16 225 euros. Si, comme elle l'a prévu, elle effectue 110 jours de missions par an, elle doit gagner 148 euros par jour, qu'elle facturera, après intégration des charges, 296 euros par jour à son client. Son responsable des ressources humaines ne manquera pas de lui faire remarquer que son tarif est bien en dessous des prix du marché et qu'elle ne travaillera certainement pas 110 jours la première année. Elle possède donc une bonne marge de manœuvre, soit pour travailler moins, soit pour gagner plus !

VOTRE SOCIÉTÉ DE PORTAGE

Dans cette phase de démarrage, votre société de portage peut vous apporter un soutien logistique non négligeable. Certaines structures se fournissent auprès de centrales d'achat qui permettent l'acquisition du matériel et des fournitures de bureau à des tarifs préférentiels. Toutes les sociétés ne le faisant pas, posez la question dès le premier entretien. Renseignez-vous également sur le prêt éventuel d'un bureau le temps d'un rendez-vous. Certaines sociétés le proposent gratuitement, d'autres le louent à l'heure, certaines enfin, n'ont pas prévu ce service. À vous de choisir.

Quant à l'établissement de votre budget, vous pouvez l'affiner avec votre responsable des ressources humaines. Il vous dira si celui que vous proposez est réaliste, il vous aidera à définir une première fourchette pour votre prix de journée et à répartir les recettes et les dépenses sur l'année, en tenant compte des premiers mois de démarrage ainsi que de l'alternance des périodes pleines et des périodes creuses. Enfin, il vous informera sur les modalités de remboursement de vos frais.

> Au cours d'une seconde réunion dans sa société de portage, JOËL a soumis son budget prévisionnel à son responsable des ressources humaines qui l'a aidé à le finaliser et à se fixer des objectifs financiers réalistes. Il lui a proposé d'augmenter légèrement son nombre de journées travaillées. En passant de quarante-quatre à cinquante-deux jours de production par an, son prix de journée client s'élève maintenant à 962 euros, ce qui est plus raisonnable.

> CHRISTINE n'avait pas prévu d'investissements importants dans la phase de démarrage, mais une première étude rapide lui a montré qu'elle devrait consacrer un budget certain au lancement de ses activités. Elle va donc devoir faire attention à ses frais de fonctionnement. Elle apprécie que sa société de portage lui propose de profiter de la centrale d'achat qui lui permettra d'obtenir des réductions non négligeables, tout d'abord sur son matériel informatique, ensuite sur ses fournitures de bureau.

VOS FICHES ORGANISATIONNELLES

Inscrivez dans la colonne qui vous concerne vos investissements indispensables. Puis faites le total. Ce montant vous permettra de calculer votre revenu net par an et votre prix de journée. Rappelons que, pour un consultant débutant, celui-ci doit se situer dans une fourchette entre 700 et plus ou moins 1 000 euros. S'il est supérieur ou inférieur, modifiez le nombre de vos journées de travail ou le montant de vos investissements.

FICHE N° 5. VOS OUTILS DE TRAVAIL			
VOS OUTILS DE TRAVAIL	**JOËL**	**CHRISTINE**	**VOUS**
Disposez-vous d'un espace de travail personnel chez vous ?	OUI	OUI	
Disposez-vous d'un espace de travail dans lequel vous pouvez recevoir des clients ?	NON, j'invite toujours mes clients au restaurant	NON	
Possédez-vous un ordinateur portable ?	OUI	OUI	
Une bonne connexion Internet ?	OUI	OUI mais sans WI-FI	
Un logiciel de traitement de textes compatible avec tous les matériels ? (Word)	OUI	NON	
Une imprimante de bonne qualité ?	OUI	OUI	
Une garde-robe compatible avec un métier de représentation ?	OUI	NON	

FICHE N° 6. VOS INVESTISSEMENTS DE DÉPART			
VOS INVESTISSEMENTS DE DÉPART	JOËL	CHRISTINE	VOUS
Un bureau pour recevoir vos clients	Je les invite à déjeuner au restaurant	Ma société de portage doit pouvoir mettre gracieusement un bureau à ma disposition	
Un ordinateur portable	0	1 000	
Une bonne connexion Internet	0	0	
Un logiciel de traitement de texte compatible avec tous les matériels (Word)	0	250	
Une imprimante de bonne qualité	0	300	
Quelques cartouches d'encre	75	75	
L'abonnement téléphonique	100	100	
Une garde-robe compatible avec un métier de représentation	0	100	
TOTAL de vos investissements de base	175	1 825	

© Groupe Eyrolles

FICHE N° 7. VOTRE BUDGET PRÉVISIONNEL ET VOTRE PRIX DE JOURNÉE			
VOTRE BUDGET PRÉVISIONNEL ET VOTRE PRIX DE JOURNÉE	JOËL	CHRISTINE	VOUS
Vos investissements de démarrage (tableau n° 6. Chap.3)	175	1 825	
Vos charges personnelles annuelles	24 000	24 000	
Total dépenses (investissements + charges personnelles)	24 175	25 825	
Vos revenus personnels annexes	0	6 000	
Vos éventuelles indemnités Assedic	0	3 600	
Total recettes (revenus personnels + indemnités Assedic)	0	9 600	
Salaire annuel nécessaire la première année (total dépenses – total recettes)	24 175	16 225	
Nombre de jours de production envisagé	44	110	
Salaire net journalier (salaire annuel / nombre de jours de production)	550	148	
Facturation client (salaire net journalier x 2)	1 100	296	

CHAPITRE 4

Votre réseau

Entre l'exercice du travail indépendant ou le retour dans les effectifs d'une entreprise, il existe une voie médiane, celle du réseau. Mais **qu'est-ce qu'un réseau ? Comment fonctionne-t-il ? Comment le construire**, puis **l'animer** et utiliser **celui de votre société de portage** pour démultiplier vos opportunités ? Ce chapitre vous donnera quelques clés pour développer ces synergies et les exemples de **Christine** et **Sophie** vous aideront à réaliser vos **fiches réseau personnelles**.

Qu'est-ce qu'un réseau ?

Un réseau est constitué de personnes qui entretiennent des relations directes ou indirectes dans un contexte social, professionnel ou familial. Nous appartenons tous à des réseaux, car nous gravitons en permanence au sein d'un groupe de collègues, d'amis, de voisins, de copains d'école, de famille, de connaissances diverses et variées… Combien de fois avons-nous rencontré un ami par l'intermédiaire d'un autre, eu connaissance d'un bon plan par le bouche-à-oreille, dépanné quelqu'un qui auparavant nous avait rendu service, demandé conseil à une personne ressource ? Basé sur la confiance, le respect mutuel, l'admiration réciproque, l'entraide, le réseau permet en effet de développer rapidement les informations, les relations, les savoirs. Structure mobile à géométrie variable, le réseau évolue au fil du temps et des rencontres, et cette souplesse, qu'aucune autre structure ne peut donner, est un de ses points forts.

Il est plus efficace d'être recommandé que de solliciter, mais bien qu'il soit un outil commercial, réduire le réseau à l'unique recherche de missions revient à l'amputer de l'essentiel de ses possibilités. Grâce à votre réseau, vous pouvez vous entraîner à la présentation de vos produits, partager vos expériences, échanger des infos, connaître les tendances du marché ; et aussi, élaborer de nouveaux produits, répondre à des appels d'offres en commun, organiser des événements. Le réseau va bien au-delà d'un apport immédiat d'affaires : il démultiplie les compétences et les opportunités.

> L'animation des ateliers d'écriture de CHRISTINE lui impose une préparation longue et solitaire dont elle souffre un peu, et la rédaction quotidienne de son journal intime n'est pas faite pour rompre cette solitude. Bien qu'entourée d'un cercle d'amis proches et fidèles, Christine manque de relations sociales et professionnelles avec lesquelles elle aimerait échanger sur son travail, ses animations et les éventuels développements qui pourraient s'en suivre. Lorsqu'elle a su que sa société de portage organisait régulièrement des petits-déjeuners, elle s'est aussitôt inscrite.

> SOPHIE, qui a longtemps dirigé le service commercial d'une importante société de tissus, a un solide carnet d'adresses. Avant de se lancer dans le service de repas aux artistes et techniciens lors de tournages ou de concerts, elle propose à ses amis et aux amis de ses amis ce nouveau service de restauration. Sociable et conviviale, elle a gardé des relations amicales avec beaucoup de ses anciens contacts professionnels en France et à l'étranger, et tous ceux à qui elle propose d'organiser fêtes, mariages ou anniversaires forment un réseau de cobayes heureux !

COMMENT FONCTIONNE UN RÉSEAU ?

Un réseau professionnel fonctionne sous forme d'alliances ponctuelles et réciproques entre ses membres. Il remplace les relations hiérarchiques et verticales de l'entreprise par des relations souples et horizontales. L'attitude de chacun au sein de ces réseaux est différente en fonction des relations nouées avec ses membres et des situations : telle personne pourra être leader en organisant une rencontre, ou simple figurante lors d'un pot de départ en retraite. Mais pour qu'il soit efficace, le réseau professionnel doit être composé de personnes actives et volontaristes, capables de jouer tour à tour chacun de ces rôles.

Une démarche commerciale à moyen terme

La mise en place d'un réseau impose de le commencer au plus tôt. Mais avant de vous demander ce que vos éventuels partenaires peuvent faire pour vous, demandez-vous ce que vous pouvez faire pour eux. C'est ainsi que vous vous présenterez, non pas en demandeur d'emploi, mais en « offreur » de service. Pour cela, efforcez-vous de les écouter : quels sont leurs expertises, leurs secteurs, leurs besoins ? De votre côté, soyez clair dans votre démarche et en particulier sur la présentation de votre produit ou de vos savoir-faire. Vous devez être capable d'énoncer simplement votre secteur professionnel, le type de missions que vous réalisez, la valeur ajoutée que vous pouvez apporter afin d'identifier vos points respectifs de convergence. Le réseau fonctionnant sur le principe du bouche-à-oreille, méfiez-vous de l'effet « téléphone arabe » qui risque de déformer votre message si vous ne l'avez pas énoncé de façon très claire.

Une éthique et des valeurs communes

Elles permettent d'avancer avec prudence. Il est toujours valorisant de rendre service, mais en recommandant quelqu'un c'est votre propre crédibilité qui est mise en jeu. Attention donc à ne pas vous précipiter pour aider une personne sympathique fraîchement rencontrée. Ne faites pas non plus espérer d'importants résultats financiers, car ceux-ci ne seront peut-être pas au rendez-vous ou arriveront plus tard que prévu. À l'inverse, lorsque vous avez été recommandé, apportez le plus grand soin à votre intervention de manière à ne pas placer votre prescripteur dans une situation délicate qui lui ferait perdre sa crédibilité. L'appartenance à un réseau implique de respecter une déontologie rigoureuse, car oublier la dimension éthique c'est ôter au réseau ses principales qualités, celles de la coopération, de l'entraide, de la réciprocité.

CHRISTINE a rencontré avec plaisir d'autres consultants lors des petits-déjeuners mensuels organisés par sa structure de portage, mais elle n'a pas encore usé de la possibilité d'échanges de « bons plans ». En effet, elle a gardé un mauvais souvenir d'un ami qu'elle avait recommandé et qui n'a jamais assuré la mission qui lui avait été confiée. Le client lui en a d'ailleurs tenu rigueur et elle n'est toujours pas certaine aujourd'hui d'avoir retrouvé sa confiance. Elle a juré que l'on ne l'y reprendrait pas. D'un autre côté, elle n'aime pas demander, ne veut rien devoir à personne et ne profite donc pas des opportunités qu'elle rencontre.

SOPHIE « réseaute » comme elle respire. Le moindre dîner en ville est l'occasion d'échanger des informations et des numéros de téléphone, dont elle fait ensuite profiter ses autres partenaires. Elle prend toujours soin de préciser le niveau de connaissance qu'elle a de son contact, à charge pour ses interlocuteurs de tester les personnes recommandées.

COMMENT CONSTRUIRE VOTRE RÉSEAU ?

Le réseau est basé sur le principe que les amis de mes amis sont mes amis, et sur l'affirmation que n'importe quelle personne sur terre peut atteindre le reste de l'humanité en cinq à sept poignées de main. Encore faut-il bien choisir la première personne de la chaîne !

De même que vous devez savoir présenter votre activité, vous devez bien cerner votre éventuel partenaire de réseau et identifier les croisements possibles de vos métiers. Vos interlocuteurs dans l'entreprise doivent avoir des postes semblables, vos secteurs d'activité doivent être les mêmes, et vos expertises complémentaires. Vous pouvez intégrer certains de vos concurrents car, outre les réponses communes à un appel d'offres important, il peut se présenter des périodes de surcharge pendant lesquelles eux ou vous ne pourrez pas faire face à la demande. Le réseau vous permettra alors d'assurer tout de même la prestation et vos clients apprécieront.

Votre attitude face à vos futurs partenaires est déterminante pour la suite de votre collaboration. Elle doit être ouverte et prudente : positionnez-vous d'emblée d'égal à égal, identifiez vos points de proximité (lieux, goûts culturels, valeurs, etc.), réfléchissez à la plus-value que vous pouvez apporter. Prenez en compte la sympathie réciproque, la compétence, l'honnêteté. La hiérarchie de ces critères est, bien entendu, différente pour chacun d'entre vous.

Avant de chercher de nouveaux partenaires, faites le point sur votre réseau actuel. Interrogez-vous sur les activités de vos proches : famille, amis, relations professionnelles. Efforcez-vous d'identifier leurs secteurs d'activité, leurs postes, leurs compétences.

Demandez-vous si certains d'entre eux auraient intérêt à se rencontrer, et dans ce cas organisez le rendez-vous qui vous donnera également l'occasion de présenter en détail votre activité.

Puis élargissez le cercle. Sans doute avez-vous rencontré des personnes avec lesquelles vous aimeriez travailler. N'hésitez pas et prenez contact avec elles pour confirmer ou infirmer cette première impression.

> Au cours d'une formation sur le réseau organisée par sa structure de portage, CHRISTINE a fait la liste de ses amis et relations proches. Parmi eux, elle a trouvé trois personnes qui ne se connaissent pas mais qui ont en commun de travailler à l'Éducation nationale. À l'occasion des vœux de fin d'année, elle a pris contact avec eux et les a rencontrés séparément. À chacun, elle a parlé des autres, et l'un d'entre eux a proposé l'idée d'une réunion. Mais elle tarde encore à organiser ce rendez-vous.

> Le réseau de SOPHIE existe, car elle le construit depuis de nombreuses années. Lorsqu'elle a commencé ses activités professionnelles, elle a spontanément – et sans savoir qu'elle mettait en place un réseau – fait en sorte de relier entre elles des personnes de son entourage professionnel. À l'époque, déjà excellente cuisinière et maîtresse de maison, elle organisait régulièrement chez elle des dîners à mi-chemin entre la soirée d'amis et le repas d'affaires. Elle y a trouvé des opportunités professionnelles et quelques-uns de ses convives y ont même rencontré l'âme sœur. La réputation de Sophie n'est plus à faire !

ANIMER VOTRE RÉSEAU

Un réseau est un organisme vivant et il faut en permanence l'alimenter. L'organisation de contacts réguliers renforce la connaissance mutuelle, réactive la motivation et permet de travailler sur de nouvelles offres commerciales. Les attentions amicales, telles que les envois de coupures de presse, les informations sur des sujets susceptibles d'intéresser les membres, les invitations à des cocktails, des vernissages, des spectacles permettent de renforcer les liens et de ne pas se faire oublier.

Mais votre réseau ne fonctionne vraiment que lorsqu'il permet à l'un ou l'autre de vos partenaires de décrocher un contrat ou au minimum un contact intéressant. Lorsque vous rencontrez un client, soyez donc toujours attentif à évaluer d'éventuels besoins dans un domaine proche du vôtre. Il peut s'agir d'une simple information que vous transmettrez à un membre de votre réseau – « *Telle entreprise a tel besoin, est dans telle situation* » – ou le nom d'un décideur en précisant : « *C'est Monsieur Untel qui gère tel dossier, vous pouvez le joindre par l'intermédiaire de telle personne.* » Transmettre les coordonnées directes d'un contact vous engage davantage, de même que joindre directement la personne pour lui conseiller d'appeler votre interlocuteur. À vous de mesurer la situation pour choisir l'attitude la plus juste.

Lorsqu'un client exprime clairement un besoin auquel vous ne pouvez répondre, demandez simplement : « *Connaissez-vous quelqu'un qui… ?* » Si la réponse est négative, vous pouvez enchaîner : « *J'ai un partenaire qui peut vous aider, il est spécialisé dans tel domaine. Voulez-vous que je vous mette en contact ?* » Ensuite ce sera à ce partenaire de jouer, mais vous voyez combien vous devez être prudent avant de proposer ce type de recommandation.

Lorsque l'un des membres de votre réseau, à son tour, vous communique une information ou vous met en relation avec un futur client, n'oubliez pas de le tenir régulièrement au courant de l'état d'avancement de vos relations, de le remercier, et de lui renvoyer l'ascenseur dès que cela vous sera possible.

CHRISTINE sait parfaitement animer son réseau d'amis, qu'elle entretient par des attentions souvent délicates. Elle est plus frileuse quant à son réseau professionnel qu'elle craint de partager. Il lui suffirait pourtant tout simplement d'adapter à ce dernier les méthodes qu'elle utilise pour le premier.

SOPHIE a toujours dans sa poche des invitations à offrir à ses partenaires qui, à leur tour, lui font profiter des leurs : elle connaît bien les membres de son réseau, elle sait ce qu'ils aiment, elle connaît leur parcours professionnel, elle peut donc les distribuer à bon escient. Parfois elle propose qu'on l'accompagne, d'autres fois elle les offre. Lorsqu'elle veut réactiver telle ou telle personne, elle est capable en toute simplicité de demander une information, un service à l'un ou à l'autre. Ainsi le réseau s'alimente-t-il de lui-même et Sophie se contente de faire circuler.

Le réseau de votre société de portage

Si vous débutez dans le métier et que votre réseau vous paraît un peu faible, n'oubliez pas que votre société de portage peut vous aider. La plupart de ces structures, du moins les meilleures, organisent régulièrement des événements permettant à leurs consultants de se rencontrer. Petits-déjeuners, colloques, formations sont des occasions qui permettent de développer de nouvelles relations professionnelles. N'hésitez donc pas à y participer. Même si le thème proposé ne vous paraît pas immédiatement utile, pensez aux rencontres que vous pouvez y faire. Lors de ces réunions, soyez particulièrement attentif aux activités des autres participants : leurs secteurs d'activités, leurs interlocuteurs dans l'entreprise, leurs savoir-faire. Échangez vos cartes de visite et faites-vous un fichier mentionnant les caractéristiques de toutes ces personnes. Ensuite, n'hésitez pas à leur envoyer par e-mail certains de vos documents commerciaux et à vous rappeler à leur souvenir régulièrement.

Beaucoup de sociétés de portage donnent également à leurs consultants la possibilité de publier leur CV sur leur site. S'il ne faut pas attendre de cette publication un apport d'affaires immédiat, publiez-le malgré tout et consultez les autres avec soin. Vous pourrez ainsi repérer des personnes avec lesquelles engager un éventuel partenariat.

La société de portage de CHRISTINE a pris les choses en main. Un nouveau consultant en aménagement de lieux publics venant d'entrer dans la structure est arrivé avec un gros client : un musée de l'imprimerie situé près d'Orléans lui a confié la rénovation de la présentation du fonds. Le projet, proposé et accepté, inclut l'organisation d'animations autour de l'écriture. Lorsque ce consultant a dit à son responsable des ressources humaines qu'il recherchait une personne capable de mettre en place ce type d'activités, celui-ci a aussitôt téléphoné à Christine. Ils travaillent actuellement ensemble à cette réalisation, accompagnés de plusieurs enseignants auxquels Christine a déjà proposé des animations scolaires.

SOPHIE se rend régulièrement aux réunions organisées par sa société de portage. Elle ne pouvait pas manquer de rencontrer JOËL avec lequel elle a bien évidemment sympathisé. Surtout quand celui-ci l'a invitée à l'inauguration d'un nouvel établissement de restauration diététique ! Mais elle a aussi fait la connaissance de FARAH. Échangeant sur leur parcours professionnel, elles ont trouvé des croisements possibles entre leurs projets et prévu de se revoir.

FICHIER RÉSEAU DE SOPHIE	
Nom	Farah
Adresse	
Tél. / Fax	
E-mail	
Site Web	
Date et circonstances de la première rencontre	Réunion d'information chez Ad'missions. 21 septembre 2007
Son secteur professionnel	Le tourisme
Ses interlocuteurs	Les acteurs du tourisme
Son expertise	Les langues, les visites de Paris
Ses besoins professionnels	Trouver très vite un emploi
Ses centres d'intérêts personnels	La photo
Nos points communs	Le développement de prestations liées au tourisme
Nos divergences	Farah souhaite travailler à l'international. Je préfère le régional et le local.
Suivi	Prochain rendez-vous la semaine prochaine

VOS FICHES RÉSEAU PERSONNELLES

Si vous parvenez à lister, parmi votre entourage familial, amical et professionnel cinq personnes à qui vous faites confiance, à qui vous pouvez demander conseil, et à qui vous pourriez éventuellement rendre service, vous avez une bonne base pour commencer un réseau.

Dans ce premier temps, ne vous inquiétez pas si ces personnes ne sont pas dans le même univers professionnel que vous, car chacun d'entre eux possède un réseau propre et les personnes que vous aimeriez rencontrer ne sont peut-être pas si loin.

FICHE N° 8. VOTRE RÉSEAU FAMILIAL					
Listez 5 personnes de votre entourage FAMILIAL à qui vous pouvez demander des conseils et à qui vous aimeriez rendre service	Nom des personnes listées	Leur secteur profes-sionnel	Leur métier	Ce que vous pouvez faire pour eux	Ce qu'ils peuvent faire pour vous
1					
2					
3					
4					
5					

FICHE N° 9. VOTRE RÉSEAU AMICAL					
Listez 5 personnes de votre entourage AMICAL à qui vous pouvez demander des conseils et à qui vous aimeriez rendre service	Nom des personnes listées	Leur secteur profes-sionnel	Leur métier	Ce que vous pouvez faire pour eux	Ce qu'ils peuvent faire pour vous
1					
2					
3					
4					
5					

FICHE N° 10. VOTRE RÉSEAU PROFESSIONNEL					
Listez 5 personnes de votre entourage PROFESSIONNEL à qui vous pouvez demander des conseils et à qui vous aimeriez rendre service	Nom des personnes listées	Leur secteur profes-sionnel	Leur métier	Ce que vous pouvez faire pour eux	Ce qu'ils peuvent faire pour vous
1					
2					
3					
4					
5					

FICHE N° 11. VOTRE SUIVI RÉSEAU	
Nom	
Adresse	
Tél./ fax	
Email	
Site Web	
Secteur professionnel	
Métier	
Expertise	
Interlocuteurs	
Ses besoins professionnels	
Ce que je peux faire pour lui (elle)	
Ce qu'il (elle) peut faire pour moi	
Ses centres d'intérêt	
Nos points communs	
Nos divergences	
Date et circonstances de la 1re rencontre	
Suivi	

CHAPITRE 5

Votre offre

Avant de vous lancer dans la vente, vous devrez tout d'abord identifier les éléments constitutifs de **votre offre et de votre produit**. Une étude approfondie de la **concurrence** vous permettra de valider ou de modifier votre offre. Pour mieux connaître **votre marché, les niches et les marchés émergents** vous pratiquerez **la veille économique** qui vous permettra de vous tenir régulièrement informé de l'évolution de votre secteur. **Votre structure de portage** vous sera d'une grande aide dans cette étape préliminaire à la vente en vous aidant à trouver ces informations. En suivant **Sophie** et **Farah**, vous pourrez identifier précisément les éléments nécessaires à la conception et à la mise sur le marché de votre offre et réaliser **votre fiche produit**.

VOTRE OFFRE ET VOTRE PRODUIT

Votre offre

Elle regroupe un ensemble d'éléments qui se compose de votre produit, de ses délais de mise en place et d'exécution, de son prix accompagné de remises éventuelles et de conditions de règlement.

Votre produit

Il s'agit du service que vous proposez à votre client. Il se définit tout d'abord par ses caractéristiques concrètes et objectives, qui permettent de le décrire, de le comprendre et de le qualifier : de quoi se compose ce produit ? Qui seront les clients et les bénéficiaires de votre service ? Puis par ses caractéristiques fonctionnelles, qui correspondent à ce que votre acheteur en fera et qui permettent de répondre à la question : pourquoi ? Enfin, par ses caractéristiques psychosociologiques, c'est-à-dire par l'image qu'il véhicule. Outre ces trois dimensions, votre produit peut se décliner selon une gamme en trois temps : produit d'appel, produit leader et produit émergent.

Le produit d'appel est celui qui est mis en avant en raison de ses qualités ou de son prix intéressant. Vous l'utilisez pour attirer l'attention de votre client et dans l'espoir qu'il achète d'autres produits dont la marge est plus rémunératrice. Il doit lui permettre de vous tester et de lui donner envie d'aller plus loin avec vous.

Le produit leader est le produit qui génère 40 à 50 % de votre chiffre d'affaires. C'est un produit bien rôdé, dont vous maîtrisez parfaitement tous les aspects.

Enfin, **le produit émergent** est une variante du produit leader. En effet, tout produit a une durée de vie limitée et, en fonction du marché, de l'évolution des besoins ou des progrès techniques, il ne sera pas éternellement performant. Vous devez donc toujours avoir une longueur d'avance et garder en réserve de nouveaux produits que vous testerez auprès de vos clients, en les ajustant ou en les modifiant selon les réactions. Ce sont eux qui deviendront, un peu plus tard, vos produits d'appel ou leader.

Prenez le temps de vous poser ces questions qui vous permettront d'aller plus loin dans votre réflexion et de préparer votre argumentaire. Celui-ci vous sera très utile lors de la réalisation de votre plaquette et pendant vos entretiens de vente.

Les enjeux de l'entreprise sont les éléments clés de votre offre. L'entreprise évolue selon une succession de cycles. Lors de la conception de votre produit, vous devez connaître ces rythmes pour y apporter des réponses adaptées. *En phase d'interrogation*, l'entreprise se questionne sur son évolution stratégique. Ce peut être le moment de faire une offre d'études ou de coaching. *En phase d'action*, les attentes sont de nature opérationnelle. Inutile de proposer des séminaires de réflexion, faites plutôt des offres concrètes, pragmatiques, susceptibles d'être rapidement mises en œuvre. Enfin, *en phase de changement*, les responsables de l'entreprise réfléchissent, remettent en cause les procédures, cherchent de nouvelles voies de développement. Ils seront ouverts à des offres originales et créatives.

L'idéal serait que votre produit puisse se décliner selon ces différentes phases. Mais peut-être ne possédez-vous pas l'ensemble de ces compétences. Poursuivez tout de même la réflexion dans ce sens, en vous demandant si vous ne pourriez pas, soit acquérir de nouveaux savoir-faire, soit déléguer à d'autres consultants de votre réseau une partie de ces tâches.

SOPHIE ne se contente pas d'être une excellente cuisinière et une brillante animatrice de réseau, elle a bien d'autres cartes en main. À son produit d'appel de *catering* qui consiste à fournir en repas les tournages ou les concerts, elle pourra adjoindre très rapidement un nouveau produit. En effet, de son ancien métier de commerciale internationale dans le monde de la mode, elle a gardé un annuaire des bons hôtels et des lieux exceptionnels dans lesquels elle a séjourné. Elle souhaite proposer très rapidement un produit leader, beaucoup plus rémunérateur, consistant à organiser de A à Z le voyage, l'hébergement et la restauration de tournages de films ou de clips publicitaires. Son produit émergent s'orientera sans doute vers des propositions de destinations originales auxquelles elle réfléchit.

FARAH propose aux offices de tourisme, aux grands hôtels et aux tours opérateurs l'accompagnement de petits groupes de touristes pour des visites de Paris. Jusqu'alors, son offre a reçu des réponses polies, parfois encourageantes, mais qui ne se sont jamais concrétisées. Farah doit étudier plus précisément les besoins de ses clients éventuels afin de concevoir un produit plus vendeur. Grâce à Sophie, qu'elle a rencontrée lors d'une réunion organisée par leur société de portage, elle est entrée en contact avec le nouveau directeur d'un hôtel situé dans le quartier du Marais. Comme il s'interrogeait sur les attentes de ses clients, Farah lui a parlé de ses projets et a proposé de réaliser une étude. Le résultat a été très parlant : les touristes trouvent les Parisiens peu affables et inhospitaliers. Forte de ce constat, Farah a fait une offre d'accompagnement personnalisé des clients de l'hôtel pendant leur séjour à Paris. Elle attend une réponse.

VOTRE MARCHÉ, LES NICHES ET LES MARCHÉS ÉMERGENTS

Un produit est destiné à être mis sur le marché. Il est donc important que vous puissiez le définir. À l'origine, le marché est le lieu dans lequel se passent les échanges marchands. Par extension, ce terme désigne non plus un lieu mais un « système » d'échanges économiques et financiers. Il comprend l'ensemble des règles juridiques régulant l'interaction entre acheteurs et vendeurs, la confrontation de leurs offres et de leurs demandes, et les éléments déterminant le prix du produit. Par exemple, le marché de l'immobilier est régi par des règles juridiques (contrats de vente, taxes) ; il s'organise autour de professionnels (agences) qui mettent en lien les acheteurs et les vendeurs ; et il fluctue en fonction de l'offre et de la demande qui déterminent entre autres le prix du mètre carré.

Pour mettre en place les composantes d'une offre pertinente, il est important que vous puissiez définir l'ensemble de ces éléments. Tout au long de votre démarche de conception du produit puis de sa commercialisation, ils vous seront utiles.

Les niches

Elles désignent un petit espace au sein d'un marché. Cet espace est, en soi, quelque chose de spécial, d'unique et de particulier. Le nombre d'acteurs susceptibles d'offrir un service identique au vôtre est restreint et de ce fait peu concurrentiel. Mais il faut vous assurer que la demande et le renouvellement des clients sera suffisant pour maintenir la rentabilité. Le but est alors de détenir une importante part de marché, voire une exclusivité dans ce domaine très étroit. Mais une niche peut devenir un marché à part entière. Ainsi les voitures 4x4, initialement destinées à la niche des véhicules de brousse, sont entrées dans un marché de masse. À l'inverse, un marché de masse comme celui de la photo argentique en noir et blanc est devenu une niche réservée aux amateurs éclairés.

Les marchés émergents

Ils désignent généralement les pays qui affichent un faible revenu par habitant, comme la Chine et l'Inde, mais effectuent des réformes économiques destinées à donner de meilleurs résultats. Par extension, on appelle « marché émergent » tout marché dont le poids économique est actuellement faible, mais dont on suppose qu'il s'améliorera. Se positionner sur ce marché implique une stratégie à moyen, voire long terme. Il s'agit de parier sur cette évolution, et les premières années ne seront peut-être pas les plus rémunératrices. Les seniors ont été, voici une vingtaine d'années, un « marché émergent ». Ils sont aujourd'hui un « marché porteur ». L'intérêt de cette stratégie est de prendre position, de se faire connaître et de jouer ensuite sur la notoriété et l'expérience de manière à être parfaitement positionné et identifié au moment de l'émergence.

> SOPHIE a déjà prospecté les pays de l'Europe de l'Est pour l'organisation de tournages. Dans ces pays qui sortent doucement de régimes plus ou moins totalitaires, d'immenses studios de cinéma ont été abandonnés dans les dernières décennies et ne demandent qu'à reprendre du service. La Lituanie, la Croatie, la Slovénie, le Monténégro, l'Albanie s'ouvrent peu à peu au tourisme et pratiquent des tarifs encore très intéressants. Quant à l'environnement et aux paysages, ils sont variés et peuvent s'adapter à tout type de fiction cinématographique. La Roumanie n'est-elle pas le pays de Dracula ? C'est dans cette direction que Sophie travaille à une nouvelle offre.
>
> L'offre de FARAH se situe très clairement dans une niche : celle de touristes cultivés cherchant à découvrir, derrière les façades historiques, la petite histoire de Paris et la dimension humaine de la ville. Ce marché d'un tourisme différent existe, mais c'est un créneau très étroit qu'elle devra élargir pour développer ses activités. Une autre niche se présente à elle : celle de ses compatriotes iraniens séjournant à Paris. Elle devra construire pour eux une offre spécifique et sans doute se rapprocher du Centre culturel iranien, de l'ambassade d'Iran à Paris et du ministère des Affaires étrangères.

Votre concurrence

Elle peut prendre différentes formes auxquelles il convient d'apporter des réponses adaptées pour pouvoir la neutraliser.

Votre concurrent direct a la même expertise que vous et peut se substituer à vous pour des prestations semblables. *Votre concurrent indirect* possède une expertise complémentaire. Il ne fait pas le même métier que vous et n'apporte qu'une réponse partielle aux besoins des clients, mais il a autour de lui des partenaires auxquels il peut proposer de s'associer pour faire une offre complète. Enfin, *votre concurrent interne* est dans l'entreprise qui choisit de faire appel à lui.

En compétition avec votre concurrent direct, appuyez-vous sur votre expérience, vos clients, votre sérieux, et proposez un produit moins cher, plus performant, plus complet. Face à votre concurrent indirect, montrez-vous ouvert au partenariat en mettant en avant votre compétence, votre réactivité, votre disponibilité. Votre carnet d'adresses et vos réseaux seront des arguments de poids. Quant à la concurrence interne, attachez-vous à démontrer les avantages d'un intervenant distancié des enjeux de l'entreprise, porteur d'un regard neuf et de compétences complémentaires. Mais pour trouver une mission et la concrétiser, le plus important est de mettre en avant ce qui la différencie des autres offres. Faites la liste de vos avantages qualitatifs et quantitatifs.

Certes, SOPHIE a de nombreux concurrents qui proposent déjà de fournir les repas sur les tournages. N'étant pas alourdie par le poids d'une société et des charges qu'elle impose, Sophie peut proposer des tarifs plus intéressants et ce sera un atout pour elle. Mais n'ayant pas un volant d'activités important, elle ne peut pas profiter d'achats en nombre : elle doit donc se démarquer de la concurrence par d'autres aspects de son travail, par exemple en proposant d'offrir, sans supplément, le service des repas qu'elle effectuera elle-même. Elle se réjouit d'avance de partager ainsi la vie quotidienne d'un tournage. Peut-être rencontrera-t-elle un jour George Clooney ou Gérard Lanvin ?

FARAH est confrontée à une concurrence tous azimuts. Les tours opérateurs ont des guides qui connaissent parfaitement leurs parcours et leurs textes, les hôtels hésitent à recommander à leur clientèle des guides qu'ils ne connaissent pas. Quant au personnel de l'Office du Tourisme de Paris, ils adressent les demandes vers les tours opérateurs sans se préoccuper de la qualité de la prestation. Le point fort de Farah face à cette concurrence est certainement sa double culture et sa connaissance de l'Iran. Comprenant qu'elle ne pourra pas lutter contre des structures fortement implantées et, semble-t-il, indéboulonnables, elle s'oriente vers l'ambassade et le Centre culturel iraniens pour y proposer des prestations spécifiques.

LA VEILLE ÉCONOMIQUE

Pour pouvoir adapter votre produit à son marché, vous devez en suivre régulièrement l'activité et pratiquer ce que l'on appelle la veille économique. C'est un bien grand mot pour signifier une simple action d'information en temps réel. Activité pouvant paraître chronophage, elle est trop souvent laissée de côté au profit de tâches plus urgentes ou immédiatement opérationnelles. Elle présente pourtant un si grand intérêt dans la conduite d'une activité commerciale qu'elle est devenue un métier, certains consultants en faisant leur expertise. La veille économique permet de connaître ce qui se fait, de détecter des informations et d'évaluer les pratiques commerciales de la concurrence. Inutile de vous lancer dans une action de « renseignements » digne de Mata Hari, ou de maîtriser des techniques de hacker. Contentez-vous d'utiliser les sources qui se trouvent à votre portée.

La presse spécialisée

Des publications comme *La Tribune*, *Les Échos* ou *Le Monde* fournissent des informations sur l'économie française et internationale. Selon votre domaine, vous avez tout intérêt à vous rapprocher de journaux spécialisés dans votre branche : informatique, actualités sociales, environnement, management, etc. La plupart de ces publications possèdent des sites Internet et leur consultation rapide et régulière permet d'avoir une vision actualisée du contexte économique, quitte à approfondir ensuite tel ou tel point.

Les conférences

Elles vous permettent de vous tenir au courant de l'actualité, mais surtout des sujets d'intérêt ou de préoccupation des entreprises qui y participent. Et grâce à la liste des intervenants, vous pouvez identifier les personnes référentes. La connaissance de leur poste et de leur fonction vous aidera dans votre prospection commerciale.

Les réunions professionnelles et les salons

Ce sont des occasions pour glaner des informations sur le marché et la concurrence, mais aussi pour intégrer des réseaux. Ces événements vous donnent l'opportunité de perfectionner votre connaissance des acteurs et des rouages d'un secteur professionnel en identifiant vos clients potentiels et vos concurrents.

SOPHIE s'intéresse à l'actualité cinématographique. Elle est abonnée à plusieurs journaux spécialisés, mais a surtout une autre source d'information qui vient de son réseau. En effet, elle connaît très bien, à la Mairie de Paris, le responsable des tournages sur la voie publique. Elle est ainsi informée très rapidement de l'actualité des sociétés de production qui projettent de tourner dans la capitale. Cela lui permet de présenter ses offres au moment où la question se pose pour les producteurs.

FARAH suit attentivement l'actualité iranienne à travers les journaux que lui envoie sa famille et ceux qui sont distribués dans la librairie du Centre culturel. Grâce à Internet, elle se tient au courant des déplacements d'artistes iraniens et de leurs créations. Lors de l'exposition parisienne sur les miniatures persanes, elle a rencontré le commissaire de l'exposition avec qui elle a eu un excellent contact et qu'elle revoit régulièrement. Mais jusqu'alors elle n'a pas réussi à construire d'offre satisfaisante.

VOTRE SOCIÉTÉ DE PORTAGE

Dans cette phase de mise en place de votre offre, votre société de portage joue un rôle important, car elle est en mesure de vous apporter les informations qui vous seront nécessaires. Certaines structures mettent à la disposition de leurs consultants une bibliothèque et des abonnements à des journaux professionnels, et elles peuvent obtenir des invitations à des salons ou à des colloques. Mais le plus important reste la connaissance des marchés que la structure de portage acquiert grâce à ses réseaux. Avoir des consultants dans de nombreux domaines lui permet d'avoir une vue large sur la vie économique. Votre responsable des ressources humaines peut donc utilement vous conseiller sur l'évolution des marchés et les tarifs pratiqués. Tenu à un devoir de confidentialité, il ne pourra pas vous donner de renseignements précis sur les prix de vos concurrents, mais si vous lui soumettez l'ensemble de votre offre, il saura vous dire si vous vous situez dans une fourchette raisonnable et si les conditions de mise en place sont satisfaisantes. Enfin, vous devez pouvoir trouver, au sein de votre structure de portage, des partenaires avec lesquels concevoir des offres qui s'ouvrent à des domaines périphériques. Pour toutes ces raisons, préférez une société ayant un nombre relativement important de consultants.

> Le responsable des ressources humaines qui a rencontré SOPHIE lui a bien expliqué que le portage s'adressait à des consultants effectuant des prestations intellectuelles. L'organisation d'événements fait donc bien partie de cette catégorie, mais ce n'est pas le cas pour la cuisine, qui relève d'un artisanat très réglementé. Elle ne pourra donc pas facturer en portage la réalisation des plats si elle veut cuisiner elle-même. Mais elle n'aura aucune difficulté à effectuer cette facturation si elle sous-traite ce poste.

> FARAH patauge ! Elle ne parvient pas à définir clairement un produit qui puisse trouver sa place sur le marché. Le salut viendra-t-il de sa société de portage ? Sa responsable des ressources humaines lui propose de participer à une formation sur le positionnement et la valorisation de son offre. Au cours de ces deux journées, Farah, aidée par la formatrice et l'ensemble du groupe, décide de s'orienter vers la formation et l'enseignement des langues avec un volet culturel. Elle contactera des écoles de langues auxquelles elle proposera des cours de français, d'anglais et de persan avec une option « visites culturelles » de Paris. Elle construit également pour le Centre culturel iranien une offre spécifique de ces cours accompagnés d'animations. C'est un changement radical de positionnement qui s'imposait, compte tenu de l'échec successif de ses autres offres, mais surtout de l'étroitesse du marché qu'elle ciblait.

VOTRE FICHE PRODUIT

Ce tableau vous permet de définir, point par point, les éléments constitutifs de votre produit. Remplissez-le soigneusement en prenant le temps de réfléchir à chaque question. Peut-être vous faudra-t-il plusieurs jours, voire plusieurs semaines, pour identifier tous les éléments demandés. La conception d'un produit ne se fait pas en un jour. Éventuellement, demandez conseil au responsable des ressources humaines de votre société de portage.

FICHE N° 12. VOTRE PRODUIT ET VOTRE CLIENT			
VOTRE PRODUIT ET **VOTRE CLIENT**	**L'EXEMPLE DE SOPHIE**	**L'EXEMPLE DE FARAH**	**VOUS**
Décrivez votre produit	Fourniture des repas sur les tournages de films et les concerts	Cours de langues et visites culturelles (français, anglais, persan)	
À QUI servira-t-il ? Qui seront les CLIENTS ?	Les sociétés de production	Les écoles de langues	
À QUI servira-t-il ? Qui seront les BÉNÉFICIAIRES ?	Les artistes	Les élèves des cours de langues	
À QUOI sert-il ?	En fournissant des repas de qualités, contribuer à la détente, au repos et à la convivialité au sein d'équipes techniques et artistiques	À découvrir Paris en pratiquant le français	
Quels sont les besoins de vos clients ?	Des repas de bonne qualité / Une ambiance conviviale sur les lieux de tournage, des tarifs intéressants, un prestataire qui connaisse le milieu du show-biz	Apporter une plus-value à leurs cours de langues / Obtenir de meilleurs résultats chez leurs élèves	
Dans votre gamme de produits, quel est le « PRODUIT D'APPEL » ?	Le *catering*	Les cours de français, d'anglais et de persan	
			▶▶

FICHE N° 12. VOTRE PRODUIT ET VOTRE CLIENT			
VOTRE PRODUIT ET VOTRE CLIENT	**L'EXEMPLE DE SOPHIE**	**L'EXEMPLE DE FARAH**	**VOUS**
Dans votre gamme de produits, quel est le « PRODUIT LEADER » ?	Organisation du séjour et du voyage d'équipes de tournage de films, en France et à l'étranger.	Cours particuliers avec accompagnement de visites culturelles	
Dans votre gamme de produits, quel est le « PRODUIT ÉMERGENT » ?	Des destinations originales (pays de l'Est)	Je ne sais pas encore	
Quel produit proposez-vous à une entreprise se trouvant en phase d'INTERROGATION ?	Une étude comparative des conditions de séjour et de tournage dans les pays de l'Est	Une étude de marché pour les visites culturelles accompagnant les cours de langues	
Quel produit pour une entreprise se trouvant en phase d'ACTION ?	Le *catering*	Les cours de langues, les visites culturelles.	
Quel produit pour une entreprise se trouvant en phase de CHANGEMENT ?	Je ne sais pas encore	Je ne sais pas encore	

CHAPITRE 6

Votre communication

Quelle que soit votre compétence et la pertinence de votre offre, vous ne pouvez vous passer d'outils de communication pour vous faire connaître. À partir de **principes de base** très simples, vous concevrez **votre plaquette et votre charte graphique**, indispensables à une communication efficace. La rédaction successive des **quatre pages de votre plaquette** vous aidera à concevoir **vos autres outils de communication**. Grâce à l'exemple des documents de **Farah** et d'**Antoine**, vous réaliserez **votre première maquette**.

LES PRINCIPES DE BASE DE VOTRE COMMUNICATION

La communication repose sur l'image. La vôtre d'abord. Comment voulez-vous apparaître et qui vos interlocuteurs s'attendent-ils à rencontrer ? Quelqu'un de sérieux, de compétent, d'original, d'innovant, de classique, de conservateur, de créatif ? Si vous souhaitez vous introduire dans le milieu bancaire, vous avez tout intérêt à paraître sérieux et classique. Mais si vous visez le marché de la publicité, mettez en avant vos qualités de créativité et d'originalité. Vos prestations possèdent également une image que vous devrez définir pour la promouvoir : à quelle clientèle s'adresse-t-elle ? Qui sont ses bénéficiaires ? Quelles sont les habitudes et les valeurs du marché que vous ciblez ? Vous percevez tout de suite que l'image d'un produit de luxe, par exemple, est différente de celle d'un produit de sport.

C'est la cohérence entre votre image et celle de votre produit qui rendra votre offre séduisante.

La communication orale

Elle concerne les relations que vous entretenez avec votre entourage professionnel : collègues, prospects, clients. Mais votre position de travailleur indépendant vous permet de vous placer dans une communication plus personnelle qu'institutionnelle.

La communication écrite

Elle s'appuie sur des documents que vous devrez concevoir et qui auront une durée de vie relativement longue. Identiques pour tous vos contacts, ils seront assez standard pour s'adapter à toutes vos cibles. Mais vous ferez toujours du cas par cas et vos contacts apprécieront plus de recevoir de vous une carte de vœux personnalisée le premier janvier qu'un mailing de début d'année, aussi bien fait soit-il.

Votre stratégie de communication

Elle repose sur un principe très simple : ne pas vous faire oublier. À tous vos contacts, envoyez votre plaquette puis, quelle que soit la suite donnée, faites-leur parvenir régulièrement, tous les trimestres par exemple, une relance, un nouveau produit, une nouvelle proposition. Rappelez-vous aux bons souvenirs de vos clients actuels par un envoi plus personnalisé : une carte évoquant un de leurs loisirs, une invitation à un spectacle, à une exposition. Si vous les connaissez un peu plus personnellement, n'hésitez pas à demander, lorsque la situation le permet, le résultat de l'examen d'un enfant, des nouvelles d'un parent, en fonction des échanges que vous aurez eus au fil de votre collaboration. Cela nécessite d'être attentif et à l'écoute de votre interlocuteur lors de vos rencontres.

> FARAH souhaite faire passer plusieurs messages à ses prospects : sa connaissance de Paris, son goût pour le domaine artistique et en particulier pour la photo, sa double appartenance franco-iranienne et les trois langues qu'elle parle couramment. Elle pense que tous ces

éléments sont complémentaires et convergents et qu'ils donneront une plus-value aux cours de langues accompagnés de visites culturelles qu'elle propose aux écoles de langues, au Centre culturel iranien et à l'Office du tourisme de Paris.

ANTOINE, ancien DRH qui se destine au recrutement dans le BTP, est du style cravate, attaché-case, agenda électronique et mobile de la dernière génération. Il veut être vu dans sa vie professionnelle comme quelqu'un de sérieux, de stable et cela lui paraît en cohérence avec son produit, qui impose beaucoup d'objectivité. Il compte appuyer sa communication sur ces valeurs et il la déclinera sur des thèmes et des supports classiques. Étant en concurrence directe avec de gros cabinets, il ne veut pas donner une impression d'amateurisme et compte apporter un soin particulier à sa plaquette en la faisant réaliser par un professionnel.

VOTRE PLAQUETTE ET VOTRE CHARTE GRAPHIQUE

La plaquette

C'est l'élément incontournable de votre communication écrite. Ce CV que vous avez usé jusqu'à la corde dans vos précédentes recherches d'emploi, jetez-le ! Et mettez en place un document commercial qui donnera de vous l'image du professionnel indépendant que vous êtes devenu. Mais avant de vous lancer dans sa réalisation, réfléchissez à ce qui va uniformiser l'ensemble de votre communication, c'est-à-dire votre charte graphique.

La charte graphique

Elle vous permet de créer une cohérence dans vos documents commerciaux. Elle aide votre lecteur à vous identifier facilement. Elle indique les couleurs, les polices de caractères, les éléments graphiques, les images et les illustrations qui apparaîtront de manière récurrente dans tous vos documents. À ces éléments graphiques s'ajoutent le support papier, sa qualité et sa couleur. Soyez attentifs à vos choix en fonction de l'image que vous souhaitez transmettre, de vous et de votre produit. Cette charte s'appliquera à tous vos documents commerciaux : plaquette, fiches produits, cartes de visite, papier à en-tête.

La police de caractères doit faciliter la lecture : Arial, Lucida ou encore Helvetica sont des polices classiques qui ont fait leurs preuves. Vous pouvez utiliser deux polices différentes, mais jamais plus de trois. **Le format** oblige à envisager la compatibilité avec les enveloppes standard. Si vous pensez imprimer vous-même vos documents, choisissez un format A4 entier, plié en deux (format A5) ou en trois (format à l'italienne). Et pour l'envoi par la poste, pensez au poids et au prix de l'affranchissement. **Le papier** mérite une attention particulière. Son aspect, son toucher seront les premiers contacts directs que votre prospect aura de vous. Pas de papier bas de gamme, mais pas nécessairement non plus du papier glacé. Évitez les papiers portant une trame décorée ou filigranée qui risquent de brouiller votre message.

Les couleurs sont des symboles puissants. *Le rouge* est la couleur de l'action. Elle donnera de vous l'image de quelqu'un de vigoureux, actif, sympathique. *Le bleu* induit l'image de la sérénité. Vous apparaîtrez comme une personne sérieuse et apaisante. *Le jaune* est la couleur du soleil et symbolise la lumière. Il témoigne d'un certain idéalisme et d'une grande liberté. *L'orange* est celle de la communication. Il vous associera à l'épicurisme, aux plaisirs de la vie et des échanges interpersonnels. *Le vert* rassure, il est la couleur de l'espoir et ouvre vers l'avenir. Il donnera de vous l'image de quelqu'un d'ouvert, de compréhensif, d'optimiste. *Le violet* suggère le mystère, la délicatesse, mais aussi la richesse. Cette couleur orientera votre image vers la recherche et la réflexion. *Le marron* est une couleur solide, confortable, conservatrice. Vous apparaîtrez comme une personne sérieuse, mais sans grande créativité. *Le blanc* est symbole de pureté, de transparence, de sincérité. Il mettra en avant vos qualités d'honnêteté. Quant au *noir*, il peut être évocateur du luxe et, comme *le gris*, de sérieux.

Les illustrations donnent de l'air à vos documents. Les photos que vous trouvez sur Internet sont rarement libres de droits, mais certains sites proposent des téléchargements gratuits. Vous pouvez également utiliser vos photos personnelles.

Les textes doivent être brefs, les phrases courtes. Ne développez pas trop vite l'ensemble de vos idées et de vos compétences dans ces documents. Synthétisez, résumez et gardez les longueurs pour des échanges directs.

FARAH ne dispose pas du budget nécessaire à la réalisation d'une plaquette de bonne qualité, mais elle est passionnée par la photographie et ne se déplace jamais sans son « troisième œil ». Elle va s'appuyer sur ce talent et réaliser, pour chaque école de langues prospectée, un cliché de la façade de l'établissement ou d'un détail d'architecture intéressant. Sous cette photo, elle rédigera en français, en anglais et en persan un commentaire rappelant l'histoire du lieu ou du quartier. Au dos de ce document, elle explicitera sa proposition en quelques lignes. Démontrant ainsi en peu de mots sa connaissance des langues et de l'histoire, elle espère que les destinataires auront envie de conserver ce document très personnalisé et de la rencontrer. À partir de cette thématique de photo noir et blanc et après avoir vu *Persepolis*, le film d'animation de Marjane Satrapi et Vincent Paronnaud, lui aussi en noir et blanc, elle décide de conserver ces couleurs et ce style de BD pour le reste de sa communication. Elle y ajoutera une pointe de rouge et de vert, en rappel ponctuel et discret des couleurs du drapeau iranien.

ANTOINE aura sans doute du mal à se différencier de ses concurrents, car son offre est encore relativement classique. Mais il préfère jouer la sécurité d'une forme de communication qui a fait ses preuves. Il cherche une illustration qui exprimera la relation de confiance qu'il souhaite avoir avec ses clients et les candidats qu'il sera amené à sélectionner. Le symbole de la simple poignée de mains lui convient parfaitement et il décide que cette illustration apparaîtra aussi bien sur sa plaquette que sur ses fiches produits, son papier à lettres et sa carte de visite.

LES PAGES 1 ET 2 DE VOTRE PLAQUETTE : VOTRE CLIENT

La page de couverture

C'est la première information que vous transmettez à votre interlocuteur. Il doit donc très rapidement, et sans aller plus loin dans sa lecture, s'apercevoir que ce document le concerne et identifier précisément ce que vous proposez. Reportez-vous au chapitre précédent à la définition de votre offre et plus particulièrement aux questions : quoi ? Pour qui ? Sur cette première page doivent donc figurer trois éléments d'identification : vos cibles, c'est-à-dire vos clients potentiels, la description de votre produit, et un élément d'image telle qu'une photo, un dessin, un logo.

La deuxième page

Elle s'adresse directement à votre futur client. Après avoir regardé la couverture, il sait désormais si votre offre le concerne et il va ouvrir le document. Nous verrons dans le chapitre suivant qu'un client est toujours moins intéressé par vous ou par votre prestation que par ce qu'elle peut lui apporter. « *Parlez-moi de moi, il n'y a que cela qui m'intéresse* » est particulièrement vrai dans le domaine de la communication. Ne dérogez pas à cette règle. Sur cette deuxième page, adressez-vous donc à votre prospect et parlez-lui de lui. De quoi a-t-il besoin ? Quelles sont ses préoccupations ? Au chapitre précédent, vous avez été invité à réfléchir aux aspects qualitatif et quantitatif de votre offre. C'est le moment d'approfondir la question et de présenter les avantages de votre produit en termes de bénéfices pour le client. Sur cette deuxième page, vous devez vous centrer sur lui. Vous la rédigerez donc à la deuxième personne du pluriel et à l'impératif. Ainsi, la formule « Notre produit est innovant » sera avantageusement remplacée par « Soyez les premiers à... », ou « Nous sommes les moins chers » par « Optimisez vos coûts ». C'est une question de vocabulaire et de marketing qui fait ses preuves au quotidien. Regardez, écoutez la publicité pour vous en convaincre et adoptez les mêmes méthodes.

LES PAGES 3 ET 4 DE VOTRE PLAQUETTE : VOTRE OFFRE ET VOUS

La troisième page

Elle présente votre offre. Cette fois, c'est votre produit qui est mis en avant. Déclinez-le en vous souvenant du chapitre 4 de cette partie, dans lequel nous avons identifié le produit d'appel, le produit leader et le produit émergent. Développez-les sur une ligne. Attention à ne pas rédiger trop de texte ! N'oubliez pas qu'une plaquette doit pouvoir se lire très rapidement et qu'en la parcourant, votre client doit savoir instantanément ce que vous proposez. C'est également sur cette page que se trouvent les arguments qui vous différencient de vos concurrents (rapidité d'intervention, coûts optimisés, etc.).

Pages 1 et 4 de la plaquette d'Antoine

**Dirigeants, Managers, DRH,
Cabinets de recrutement**

OPTIMISEZ LE RECRUTEMENT
DE VOS COLLABORATEURS

pliure

Antoine Level

VOTRE RECRUTEUR DE TALENT(S)

Master de commerce international
Harvard

Directeur des Ressources Humaines
de plusieurs groupes internationaux

Il anime un réseau de collaborateurs
psychologues, formateurs et recruteurs
issus de grandes entreprises.

28 place de Grenelle, 75016 Paris. 01 42 12 28 / 06 78 56 84
antoine.level@gmail.com

Antoine Level est un consultant de la Société Ad'Missions
120 avenue Charles de Gaulle. 92500 Neuilly
Organisme de formation n° 735 N 9090

des solutions souples et efficaces,
des prestations au forfait, et garanties.

Pages 2 et 3 de la plaquette d'Antoine

Vos futurs collaborateurs et VOUS

« L'art de la réussite consiste
à s'entourer des meilleurs »
JF. Jennedy

Vous êtes à la recherche de nouveaux talents.

Vous voulez améliorer la mobilité interne
et développer les potentiels de votre personnel.

Vous voulez créer des équipes solidaires.

Vous cherchez à accompagner le changement.

Vous souhaitez valoriser votre capital humain
et faire vivre vos valeurs.

Vous souhaitez « coacher » un des membres
de votre équipe.

Vous avez déjà identifié des candidats et souhaitez
un regard extérieur.

Vous recherchez des solutions sur-mesure.

pliure

Vos futurs collaborateurs et NOUS

Recrutement

Gestion et qualification
de votre base de données

Bilans psycho-professionnels

Conseil en droit social

Conseil en formation

Coaching

Information en temps réel
de l'état d'avancement
de vos recrutements

Prestations au forfait et garanties

La plaquette d'Antoine

La quatrième page

La dernière page de cette plaquette vous permet de vous présenter. Jusqu'ici vous avez parlé de votre client, puis de votre produit. C'est le moment de parler de vous, mais attention, ne publiez pas votre CV, vous l'avez jeté au début de ce chapitre ! Pas de liste de diplômes, pas de grande école ; pas de liste chronologique des différents postes que vous avez occupés ; pas d'énumération de stages, d'activités de loisir ; pas de publication systématique de votre date de naissance ni de votre état marital. Choisissez toutefois parmi ces éléments les quatre ou cinq phrases qui mettront en avant les points de votre parcours en lien direct avec votre offre. N'oubliez pas votre adresse, les numéros de téléphone fixe, mobile et fax, ainsi que votre e-mail. Vous pouvez préciser que votre activité est gérée par une société de portage, que vous citerez, et si vous êtes formateur vous noterez le numéro d'organisme de formation que votre structure de portage doit avoir.

VOS AUTRES OUTILS DE COMMUNICATION

Le papier à en-tête

Il doit faire l'objet d'une attention particulière car, comme votre plaquette, c'est lui qui véhicule le plus souvent votre image. Vous choisirez donc un papier de bonne qualité, d'un grammage légèrement supérieur à 80 g. Reprenez les éléments de la charte graphique que vous avez précédemment définis : couleurs, polices de caractères, éventuellement photo ou logo. Il se compose d'un en-tête dans lequel figurent votre nom et votre logo (ou l'illustration choisie), et d'un pied de page où se trouvent vos coordonnées. Lorsqu'un courrier a plus d'une page, les suivantes ne comporteront que le pied de page. Vous pouvez faire réaliser ces papiers à en-tête par un imprimeur ou les sortir vous-même de votre ordinateur, *via* votre imprimante.

La carte de visite

Voilà l'accessoire que vous devez toujours avoir sur vous. Outre vos coordonnées, elle précise votre activité en deux ou trois mots situés sous votre nom, permettant ainsi à vos interlocuteurs de vous identifier et de se souvenir de vous. Vous pouvez faire faire ces cartes de visite ou, si vous avez une bonne imprimante, les réaliser vous-même sur du papier spécial. Le plus souvent les sociétés de portage proposent à leurs consultants la fabrication de ces cartes pour un coût modique. Vous pouvez y adjoindre une carte de correspondance cartonnée, légèrement plus grande, qui reprendra vos coordonnées, votre expertise et éventuellement votre logo.

Les fiches produits

Elles vous permettent de développer vos prestations. D'un format compatible avec votre plaquette, dans laquelle elles pourront être glissées, elles vous donnent l'opportunité d'entrer dans le détail. Cette fois il ne s'agit plus d'argumenter, mais de décrire concrètement le contenu de vos prestations.

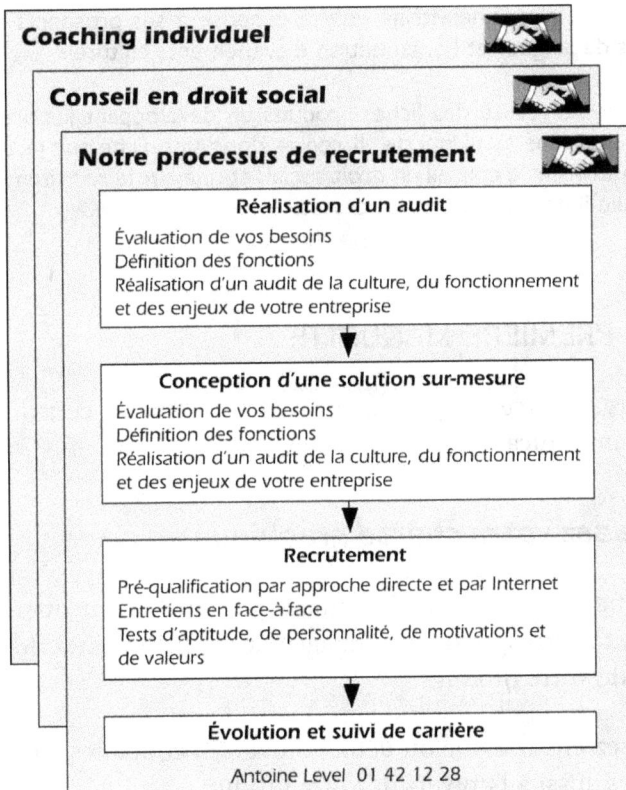

Coaching individuel

Conseil en droit social

Notre processus de recrutement

Réalisation d'un audit

Évaluation de vos besoins
Définition des fonctions
Réalisation d'un audit de la culture, du fonctionnement et des enjeux de votre entreprise

Conception d'une solution sur-mesure

Évaluation de vos besoins
Définition des fonctions
Réalisation d'un audit de la culture, du fonctionnement et des enjeux de votre entreprise

Recrutement

Pré-qualification par approche directe et par Internet
Entretiens en face-à-face
Tests d'aptitude, de personnalité, de motivations et de valeurs

Évolution et suivi de carrière

Antoine Level 01 42 12 28

LE BLOG

Ce nouveau mode de communication n'est pas réservé aux adolescents en mal de confidences ! Il peut être un outil très efficace pour vous faire connaître. D'une réalisation simple et gratuite, il vous permet d'avoir une vitrine sur Internet dans laquelle vous ferez apparaître les éléments de votre plaquette et vos fiches produits. Si vous souhaitez aller plus loin, vous pouvez publier régulièrement des informations concernant l'actualité de votre secteur et vos nouveaux produits.

> Pour étoffer sa communication sans engager de frais supplémentaires, FARAH a créé un blog. Elle y propose, en anglais, en français et en persan, des thèmes de visites de Paris, illustrés par ses photos et une actualité de la vie culturelle iranienne à Paris. Grâce au côté interactif et international de son blog, elle espère communiquer et échanger avec des correspondants du monde entier. Elle pense qu'il lui permettra de développer une clientèle privée pour des visites de Paris, mais en attendant, c'est une vitrine qu'elle propose à ses prospects pour les cours de langues et l'organisation d'événements culturels.

> ANTOINE a réalisé des fiches produits en développant les prestations qu'il cite dans sa plaquette. Il rédige donc une fiche sur le *coaching*, une autre sur le conseil en droit social, et une sur le recrutement dans laquelle il développe son processus.

VOTRE PREMIÈRE MAQUETTE

Pas à pas, construisez puis assemblez les éléments constitutifs de votre communication.

Définissez votre charte graphique

Commencez par votre code couleur, en choisissant une couleur dominante correspondant à l'image que vous souhaitez donner de vous et de votre produit.

Choisissez ensuite une ou deux couleurs secondaires, correspondant elles aussi à l'univers de votre produit.

Fiche n° 13. VOTRE CODE COULEUR										
VOTRE CODE COULEUR. Vous voulez apparaître comme quelqu'un de :	ROUGE	BLEU	JAUNE	ORANGE	VERT	VIOLET	MARRON	NOIR	BLANC	GRIS
actif	■									
apaisant		■								
chercheur						■				
compréhensif					■					
conservateur							■			
épicurien				■						
honnête									■	
idéaliste			■							
libre					■					
luxe								■		
optimiste										
ouvert										
réfléchi						■				
sérieux		■					■			
sincère									■	
solide										
sympathique				■						
vigoureux	■									

Choisissez soigneusement les éléments de votre charte graphique et n'en changez plus.

FICHE N° 14. LES ÉLÉMENTS DE VOTRE CHARTE GRAPHIQUE		
LES ÉLÉMENTS DE VOTRE CHARTE GRAPHIQUE	ANTOINE	VOUS
VOTRE LOGO Si vous n'avez pas la possibilité de faire faire votre logo par un professionnel, choisissez une simple illustration qui symbolise votre activité.		
		▸▸

FICHE N° 14. LES ÉLÉMENTS DE VOTRE CHARTE GRAPHIQUE		
VOTRE CODE COULEUR Choisissez une couleur dominante...	Noir	
... et deux couleurs secondaires à partir de la fiche précédente	Bleu, marron	
VOS POLICES DE CARACTÈRES	Times New Roman et Arial	
LE FORMAT DE VOTRE PLAQUETTE	A5	

Préparez le rédactionnel des pages 1 et 4 de votre plaquette

En répondant aux questions suivantes, vous verrez se construire peu à peu la première maquette de votre plaquette.

FICHE N° 15. LES PAGES 1 ET 4 DE VOTRE PLAQUETTE		
PAGES 1 ET 4 DE VOTRE PLAQUETTE	ANTOINE	VOUS
Citez les clients auxquels s'adressent vos produits (cf. fiche n° 12 chap.5)	Les dirigeants, les managers, les DRH, les cabinets de recrutement	
Quelle est votre expertise ?	le recrutement	
Présentez-vous en quelques lignes en rédigeant ce texte à la troisième personne	Master de commerce international, Harvard Directeur des ressources humaines de plusieurs groupes internationaux. Anime un réseau de collaborateurs psychologues, formateurs et recruteurs issus de grandes entreprises.	
Notez vos coordonnées, celles de votre société de portage et, si besoin, son numéro d'organisme de formation.	28 Place de Grenelle, 75016 Paris. 01 42 12 28 / 06 78 56 84 <antoine.level@gmail.com> Antoine Level est un consultant de la Société Ad'Missions	

Préparez le rédactionnel des pages 2 et 3 de votre plaquette

FICHE N° 16. LES PAGES 2 ET 3 DE VOTRE PLAQUETTE		
PAGES 2 ET 3 DE VOTRE PLAQUETTE	ANTOINE	VOUS
Citez les bénéficiaires de votre produit. (cf. fiche n°12 chap.5)	Les futurs collaborateurs de l'entreprise	
Faites la liste des besoins de vos clients. Énoncez-les en commençant vos phrases par : « Vous recherchez... », « Vous souhaitez... », « Vous voulez... », « Vous avez besoin... » (cf. fiche n° 12 chap.5)	Vous êtes à la recherche denouveauxtalents. Vous voulez améliorer la mobilité interne et développer les potentiels de votre personnel.....	
Citez à nouveau les bénéficiaires de votre produit. (cf. fiche n° 12 chap.5)	Les futurs collaborateurs de l'entreprise	
Faites la liste des produits que vous proposez. Énoncez-les en commençant vos phrases par : « Vous recherchez... », « Vous souhaitez... », « Vous voulez... », « Vous avez besoin... ». (cf. fiche n° 12 chap.5)	Recrutement, Gestion et qualification de votre base de données, bilans psycho socioprofessionnels, conseil en droit social, conseil en formation, *coaching*	
Faites la liste des produits que vous proposez. Énoncez-les en commençant vos phrases par : « Vous recherchez... », « Vous souhaitez... », « Vous voulez... », « Vous avez besoin... » (cf. fiche n° 12 chap.5)	Information en temps réel de l'état d'avancement de vos recrutements Prestations au forfait et garanties	
Ajoutez-y quelques avantages concurrentiels	Information en temps réel de l'état d'avancement de vos recrutements. Prestations au forfait et garanties	

Et maintenant reportez vos réponses sur la matrice de plaquette suivante.

Pages 1 et 4 de votre plaquette

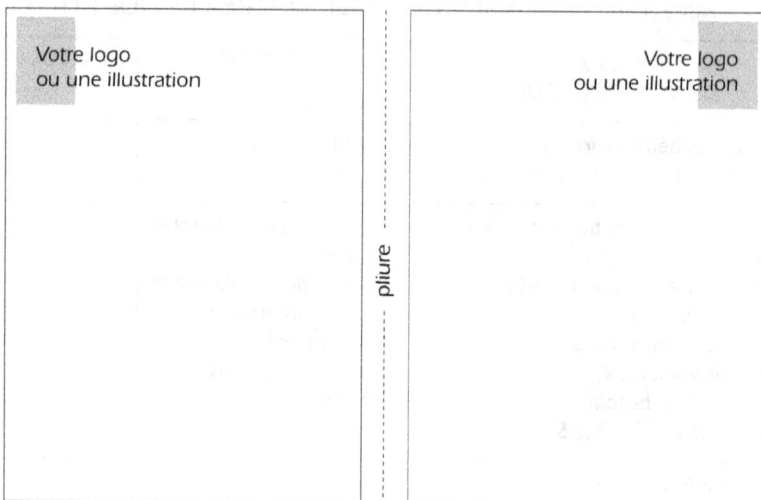

Votre logo
ou une illustration

Votre logo
ou une illustration

pliure

Pages 2 et 3 de votre plaquette

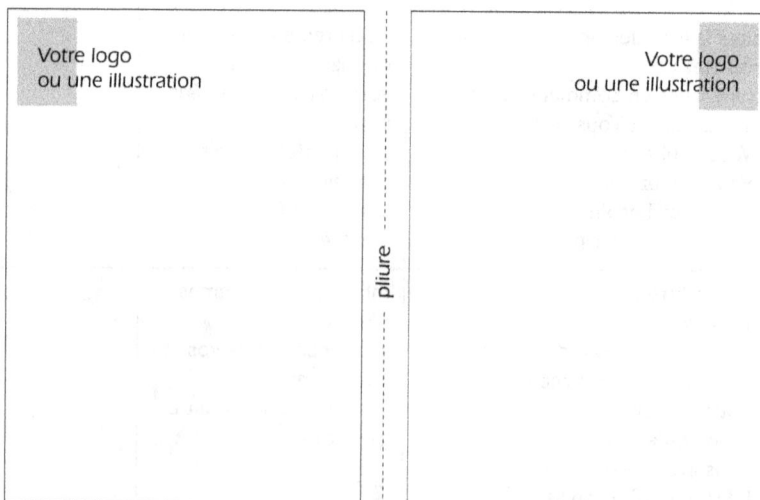

Votre logo
ou une illustration

Votre logo
ou une illustration

pliure

À partir de maintenant, vous possédez une première maquette. Montrez-la, confrontez-la aux remarques, critiques, observations, suggestions de vos proches, et en particulier à celles des membres de votre réseau. Ils vous apporteront un nouveau regard et des idées qui enrichiront votre document.

Votre prospection commerciale

Il est possible de comparer la démarche commerciale à un immeuble. Vous vous trouvez à son pied et devez monter au sommet. Une seule grande enjambée n'y suffira pas. Mais heureusement, les escaliers ont été inventés ! Fractionnant l'espace en marches, ils permettent de se rendre aisément au dernier étage. De la même manière, la démarche commerciale, qui va du simple « contact » au « client », en passant par le « prospect », est une progression à plusieurs étages. Ne montez pas l'escalier quatre à quatre. Respectez l'enchaînement des niveaux : **qualification, contact, prise de rendez-vous**, puis **rendez-vous** vous conduiront sans peine à **la proposition**. Comme **Antoine** et **Paul**, et pour suivre l'évolution de votre démarche, vous réaliserez **votre fiche bilan commercial**.

PREMIÈRE ÉTAPE : LA QUALIFICATION

La qualification consiste à identifier précisément la personne décisionnaire par son nom, sa fonction et ses coordonnées. À défaut, on se contentera du prescripteur, c'est-à-dire de celui ou celle qui peut conseiller le décideur.

L'objectif

Le but de cette étape est uniquement de définir qui sont les décideurs, qui sont les prescripteurs, qui seront vos interlocuteurs. N'essayez pas d'aller plus loin, car espérer ou chercher à obtenir un rendez-vous à cette étape est le plus sûr moyen d'être déçu et découragé.

L'outil

Celui utilisé pour cette partie de la démarche est un simple téléphone. Un téléphone fixe vous reviendra moins cher qu'un portable, car les appels seront nombreux et se feront la plupart du temps vers une ligne fixe.

Ne croyez pas que vous vous souviendrez de toutes vos démarches téléphoniques. Aussi, dès maintenant, commencez à gérer un fichier dans lequel vous noterez au jour le jour le suivi de vos actions de prospection.

La méthode

Elle est simple. Si vous avez déjà identifié dans votre entourage proche des personnes susceptibles d'être intéressées par votre produit, vous commencerez par elles, mais il est probable qu'elles ne suffiront pas à remplir votre fichier. Vous devrez donc prospecter au sein même d'entreprises que vous ne connaissez pas. Il existe des fichiers donnant les noms et les fonctions des dirigeants ainsi que leurs coordonnées, mais ils coûtent cher et sont rapidement obsolètes. La prospection directe, qui consiste à passer simplement par le standard des entreprises, est plus longue, mais donne d'aussi bons résultats.

Avant de commencer, préparez votre discours. Inspirez-vous pour cela des techniques du marketing téléphonique. Rédigez trois textes. Le premier est destiné au standard et tient en une phrase : « *Bonjour, j'appelle pour une offre de service destiné au service... [RH, formation, paye, etc.]. Pouvez-vous me passer le responsable ?* » Le second texte est destiné à l'assistante du responsable dudit service : « *Bonjour, je suis M. (ou Mme) X, je propose tel type* de service, et j'aimerais m'entretenir avec telle personne. » Il est probable que l'assistante voudra en savoir plus avant de vous passer son patron. C'est le moment de dire le troisième texte que vous avez rédigé. Il tient en cinq ou six lignes et précise des éléments que nous avons déjà identifiés : votre produit, à qui il s'adresse, quels en sont les bénéficiaires. Si l'assistante vous confirme que la personne que vous cherchez à joindre est bien en charge de ces actions, vérifiez son nom, ses coordonnées, son téléphone et son e-mail, et demandez à quel moment vous pouvez rappeler pour avoir le décideur en ligne. Vous pouvez considérer que votre cible est désormais « qualifiée ». Si ce n'est pas le cas, demandez à votre interlocutrice de vous guider dans les méandres téléphoniques de son entreprise. Si vous n'aboutissez pas par ce chemin, vous pouvez alors retourner au standard et demander cette fois le service des achats qui vous orientera à coup sûr vers le bon service.

Le taux de qualification

Il s'obtient en divisant le nombre d'entreprises appelées par le nombre de « cibles qualifiées ». Avec un très bon fichier, vous pouvez aller jusqu'à 75 %. Mais sans fichier de départ, contentez-vous d'un taux de 10 %. Avancez régulièrement jour après jour et soyez patient !

> De sa précédente fonction de DRH, ANTOINE a conservé de nombreuses relations avec ses homologues dans différentes sociétés, ainsi qu'un fichier très complet. Il lui est donc facile de les contacter pour leur faire part de sa nouvelle activité indépendante de recruteur. Son objectif pour cette étape de prospection est de valider son fichier en vérifiant que ses anciens collègues sont toujours en place, ce qui lui sera aisé puisqu'un certain nombre d'entre eux le connaissent déjà. Il n'hésitera pas à demander parfois à ses interlocuteurs une information sur telle ou telle personne qu'il aurait du mal à joindre. « *Entre collègues, n'est-ce pas !* »

> Dans le milieu du fret, le nom de famille de PAUL est très connu puisque c'est celui de l'entreprise créée par son propre père, qu'il a dirigée jusqu'à ces derniers mois et dont son fils est désormais à la tête. Il n'a donc aucune difficulté à joindre les dirigeants qui étaient déjà ses clients. Sa réputation n'est plus à faire et sa crédibilité est totale. Il lui sera donc très facile de passer les premières étapes de la prospection et, comme au jeu de l'oie, d'aller directement à la case « rendez-vous ».

Deuxième étape : le contact

Là encore, avant de chercher à obtenir un rendez-vous, il faut vous faire connaître.

L'objectif

Le but de cette nouvelle série d'appels téléphoniques est de vous présenter à votre interlocuteur et d'obtenir son accord pour l'envoi d'une documentation. Votre « cible qualifiée » est devenue un « contact ». Si par miracle, votre interlocuteur manifeste immédiatement le désir de vous rencontrer, c'est parfait, mais cela ne doit pas être l'objectif visé sous peine, là encore, de déception.

Les outils

Ceux que vous utilisez sont toujours le téléphone et, dès maintenant, votre plaquette. Elle peut se présenter sous format papier ou de fichier informatique sous format PDF. Cette dernière forme de correspondance est de plus en plus privilégiée, aussi bien par les prospects que par vous-même, qui économiserez ainsi temps et frais d'envoi.

La méthode

Elle s'appuie sur la relation précédemment ébauchée avec l'assistante. Appelez-la par son nom, rappelez-lui votre précédente conversation téléphonique, laissez la conversation et la relation s'installer entre vous. Écoutez-la attentivement, elle peut vous donner des informations importantes sur la stratégie de l'entreprise, sur son patron, sur vos concurrents. Développez les grandes lignes de votre offre sans chercher à franchir son barrage trop vite. N'oubliez pas qu'au sein de ce service, elle est prescripteur. En effet, c'est elle qui conseillera à son patron de regarder attentivement votre plaquette ou *a contrario* qui mettra votre documentation au panier. Ensuite, proposez de lui envoyer ce document en lui demandant de le regarder et de le faire suivre si elle le juge nécessaire. En acceptant ainsi la place qui est la sienne, vous la valorisez et lui reconnaissez sa capacité de jugement. Faites-lui confiance, elle deviendra votre meilleure alliée.

Le taux de contact

Il se mesure en divisant le nombre de « cibles qualifiées » par le nombre de « contacts » aboutis, c'est-à-dire le nombre de personnes ayant donné leur accord à l'envoi de votre documentation. Si la qualification a été bonne, ce taux peut aller jusqu'à 70 %.

> Lors de ses appels de qualification, ANTOINE n'a eu aucune difficulté à joindre ses anciens collègues DRH. Il a pourtant eu l'impression furtive que, dès ce deuxième appel, il obtenait plus facilement en ligne l'assistante que le DRH lui-même. Mais peu importe, l'essentiel était d'annoncer l'envoi de la documentation.

TROISIÈME ÉTAPE : LA PRISE DE RENDEZ-VOUS

Cette troisième série d'appels s'appuie sur les deux premières étapes de la prospection. Le décideur – ou le prescripteur – a été identifié. Il a connaissance de votre existence, de votre nom et a reçu votre plaquette.

L'objectif

Le but de cet appel est maintenant, et enfin (!), l'obtention d'un rendez-vous afin de transformer votre « contact » en « prospect ».

Vos outils

Ils sont toujours les mêmes : le téléphone et la plaquette, sous format papier ou informatique. Prévoyez que votre envoi a pu s'égarer et attendez-vous à le renvoyer une nouvelle fois. N'oubliez pas d'utiliser votre fichier de prospection afin de ne rien oublier de vos entretiens téléphoniques.

La méthode

Cette fois, elle fait appel à votre persévérance, car il vous faudra sans doute plusieurs appels pour obtenir un rendez-vous. Soyez donc clair et précis en énonçant directement votre demande : « *Je souhaite vous présenter mes prestations, pouvons-nous nous rencontrer ?* » Inutile de tergiverser : si vous êtes clair, votre interlocuteur le sera également et vous pourrez alors échanger sur un plan d'égalité. Si vous ne pouvez pas le rencontrer prochainement, faites-en sorte de garder le contact. Revenez vers lui régulièrement avec une nouvelle offre et une nouvelle proposition de rendez-vous. Il finira par accepter de vous recevoir ou par vous dire clairement qu'il n'est pas intéressé.

Le taux de prise de rendez-vous

Il s'obtient en divisant le nombre de « prospects » par le nombre de « rendez-vous » obtenus. S'il est supérieur à 20 %, vous pouvez être content de vous.

> Ayant toujours été bien accueilli lors de ses premiers appels, ANTOINE pensait obtenir très facilement des rendez-vous. Mais lorsqu'il a tenté de joindre ses correspondants – sous le prétexte de vérifier la bonne réception de sa plaquette, mais en réalité pour obtenir un rendez-vous – il a été très surpris. Ses correspondants étaient soudain « en réunion », « en communication », « en déplacement »... Malgré de nombreux rappels aux heures et aux jours indiqués, Antoine a mis plusieurs semaines avant d'obtenir à nouveau en direct les DRH visés. Et les rendez-vous ont été programmés au compte-gouttes. En un mois, seuls trois DRH ont accepté de le rencontrer. Antoine, parti la fleur au fusil, convaincu que l'on n'attendait que lui, déchante !

QUATRIÈME ÉTAPE : LE RENDEZ-VOUS

Ce premier rendez-vous est le plus souvent un rendez-vous de présentation. Votre prospect veut vous connaître et, de votre côté, vous souhaitez obtenir sur son entreprise des informations qui vous permettront de faire une offre appropriée.

L'objectif

Le but de la rencontre est d'obtenir de votre prospect soit la demande d'une proposition écrite, soit un second rendez-vous pour établir les bases d'une collaboration.

Les outils

Vous avez besoin de votre carte de visite, de votre plaquette papier en deux ou trois exemplaires et de vos fiches produits.

La méthode

Elle s'appuie sur l'évidence que l'on n'a qu'une seule fois l'occasion de faire une première bonne impression. Beaucoup de choses vont donc se jouer dans le premier regard, la première poignée de mains, les premiers mots prononcés. Votre interlocuteur va vous observer et vous ferez de même. Soyez ponctuel et, si vous êtes retardé, n'oubliez pas de passer un coup de fil pour vous excuser et annoncer votre retard estimé. Soignez votre look, mais ni trop, ni pas assez : cravate pour les messieurs, maquillage bonne mine pour les dames et chaussures cirées pour tous. L'attaché-case ou la sacoche, le stylo, tous ces détails apparemment anodins donnent à votre interlocuteur des indices sur votre personnalité.

En saluant votre prospect, montrez-lui votre plaisir de le rencontrer. Remerciez-le de vous recevoir, convenez avec lui du temps dont vous disposerez, attendez qu'il vous invite à vous asseoir, donnez-lui votre carte de visite et laissez-lui quelques minutes pour en prendre connaissance. L'entretien peut commencer.

À cet instant, vous devez capter son attention en précisant les raisons qui vous ont amené à provoquer ce rendez-vous. Ce peut être une opportunité : un élément nouveau est apparu dans l'actualité générale (nouvelles normes), dans celle de l'entreprise (restructuration, délocalisation), dans celle de votre interlocuteur (il vient de prendre son poste), ou dans la vôtre (vous avez récemment rencontré une personne que vous connaissez en commun).

Choisissez un de ces axes et adressez-vous à votre interlocuteur sans cesser de le regarder. Parlez-lui de lui. Et lorsque vous parlerez de vous, faites-le en termes d'avantages pour lui. Au cours de l'entretien, notez les points essentiels de votre conversation ainsi que le *verbatim*, c'est-à-dire les mots, les expressions qu'il emploie. Cela vous sera très utile pour rédiger votre compte-rendu ou votre proposition. En reprenant son vocabulaire, vous parlez le même langage que lui. Avant de prendre congé, remerciez-le de vous avoir accordé du temps et de l'attention. Terminez votre entretien par une poignée de mains accompagnée du rappel d'un nouveau contact : « *Je vous envoie ma proposition dès lundi* » ; « *À la semaine prochaine au téléphone* » ; « *À mercredi en quinze à votre bureau.* » Le soir même, complétez votre fichier prospection en notant les informations que vous avez recueillies, le *verbatim* et les engagements pris.

Le taux d'efficacité

Il se calcule en divisant le nombre de rendez-vous obtenus par le nombre de propositions demandées. S'il dépasse 35 %, vous êtes un très bon commercial.

> Premier rendez-vous ce matin pour ANTOINE. Son correspondant l'a bien prévenu qu'il ne s'agissait que d'un rendez-vous de présentation et qu'aucun contrat n'était, pour l'heure, prévisible. Lors de ses précédentes démarches téléphoniques, Antoine a compris que la partie serait plus dure que prévue et il a donc soigneusement préparé cet entretien. Il connaît l'actualité de l'entreprise de BTP qu'il visite, ses effectifs, ses chantiers en cours, et la consultation du site Internet lui a appris qu'un contrat venait d'être signé pour la construction d'un musée en Arabie Saoudite. Il cherchera à en savoir plus sur ce projet. Pour la première fois de sa vie, Antoine a le trac.
>
> PAUL est connu dans le milieu du fret et il obtient très facilement des rendez-vous avec ses anciens clients. Toutefois, ils ont approximativement le même âge que lui et commencent à penser à la retraite. Qui dit départ, dit remplacement, et c'est souvent leur successeur qui reçoit Paul. Ce sont de jeunes cadres aux méthodes différentes, aux dents parfois plus longues, qui n'ont pas avec Paul la relation presque amicale que celui-ci entretenait avec leurs prédécesseurs, et qui expriment plus ou moins ouvertement leur désir de changer de méthode de management. Paul n'est pas toujours très à l'aise devant eux. Sa technique : écouter le jeune loup, et surtout, ne pas jouer au vieux chef de meute qui sait tout !

CINQUIÈME ÉTAPE : LA PROPOSITION

Il est possible que ce premier rendez-vous n'ait été pour votre prospect qu'un entretien de présentation lui permettant de vous connaître. Aussi, dès votre retour au bureau, rédigez-en un compte-rendu que vous lui ferez parvenir rapidement. Vous le remerciez de l'accueil qui vous a été fait et de l'attention qu'il vous a portée. Vous rappelez les circonstances de votre rencontre, ce que vous avez perçu de sa problématique et les engagements que vous avez pris ensemble : une information, un nouveau rendez-vous, une proposition. Outre la courtoisie dont vous faites preuve, cet envoi témoigne de votre professionnalisme et de votre sérieux. La proposition qui n'a pas été demandée lors de ce premier rendez-vous est en bonne voie.

L'objectif

Le but de cette étape ultime est de transformer le « prospect » en « client » grâce à la signature d'un bon de commande faisant suite à la présentation d'une proposition.

L'outil

C'est votre fichier de suivi et la proposition elle-même, dont vous trouverez le descriptif détaillé dans le chapitre suivant.

La méthode

Elle s'appuie sur cette matrice de proposition que vous utiliserez à chaque occasion en en gardant la structure, mais en en modifiant le contenu.

Le taux d'efficacité

Il se calcule en divisant le nombre de propositions envoyées par le nombre de bons de commande. Visez le 100 % ! Mais réjouissez-vous si vous obtenez 50 %.

> Lors du rendez-vous avec son premier prospect, ANTOINE a expliqué d'où il venait, de quelle manière il procédait aux recrutements et il a émis l'idée d'envoyer une proposition d'intervention pour le recrutement d'un architecte d'intérieur ayant une expérience dans la muséographie. Il a soigneusement relu ses notes pour rédiger son texte, mais maintenant il hésite. Doit-il envoyer la proposition par courrier et ensuite rappeler pour connaître la réaction ? Ou bien préparer la proposition et rencontrer son prospect pour en discuter avec lui ? Il choisit la première solution, mais est-ce la meilleure ?

> PAUL a une autre technique. Il ne se rend jamais à un rendez-vous avec un document tout fait, mais il bâtit la proposition point par point pendant l'entretien et avec son client. En rentrant à son bureau, il n'a plus ensuite qu'à la rédiger, la mettre en pages et chiffrer la prestation. Il ne renvoie jamais le devis par la poste s'il ne l'a pas validé auparavant avec son client.

Ainsi, de la « qualification » à la « proposition », la déperdition est importante. Sur cent interlocuteurs qualifiés, seuls trois ou quatre signeront un bon de commande. Mais si vous suivez scrupuleusement et patiemment ces étapes de la démarche commerciale, vous pourrez obtenir aisément ce score tout à fait honorable de 3 à 4 %, qui est celui d'un commercial « normal ». Ceci démontre que cette démarche est longue et difficile, qu'elle demande de la ténacité, de la patience, de la méthode. Mais ne sont-ce pas là les qualités premières d'un consultant indépendant ?

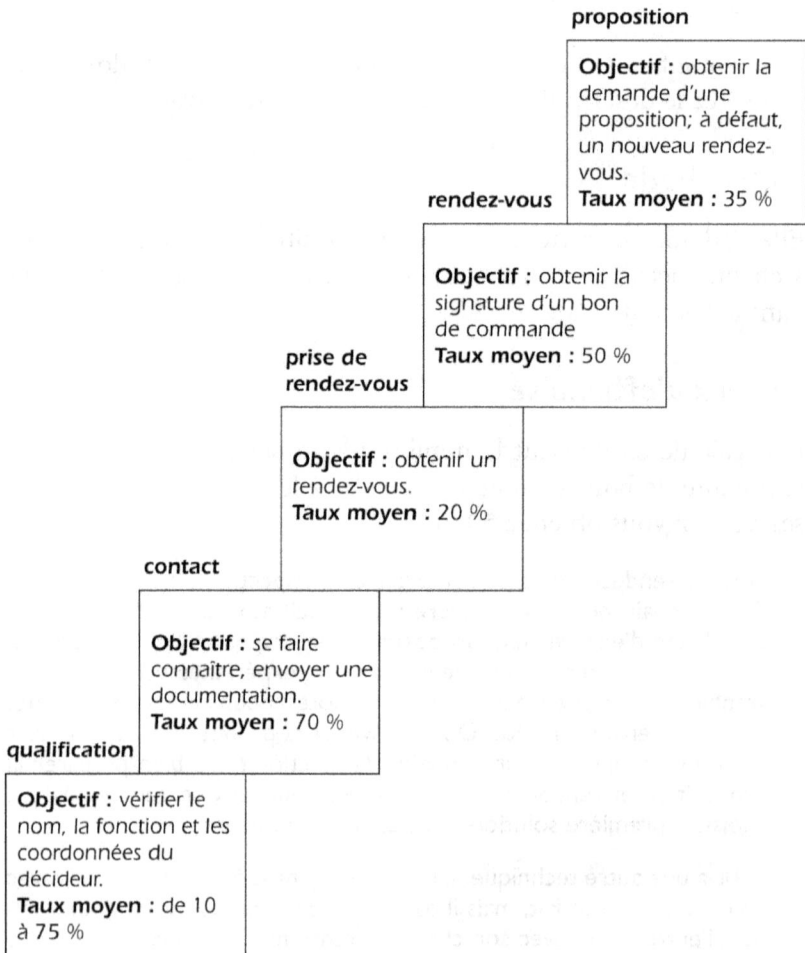

proposition

Objectif : obtenir la demande d'une proposition; à défaut, un nouveau rendez-vous.
Taux moyen : 35 %

rendez-vous

Objectif : obtenir la signature d'un bon de commande
Taux moyen : 50 %

prise de rendez-vous

Objectif : obtenir un rendez-vous.
Taux moyen : 20 %

contact

Objectif : se faire connaître, envoyer une documentation.
Taux moyen : 70 %

qualification

Objectif : vérifier le nom, la fonction et les coordonnées du décideur.
Taux moyen : de 10 à 75 %

Les indices de mesure de la prospection commerciale

Vos documents

Vos textes de présentation

Prenez le temps de rédiger votre présentation avant de vous lancer dans la prospection téléphonique. Et n'hésitez pas à utiliser la même méthode que celle du marketing téléphonique : lire ces textes lorsque vous avez vos correspondants en ligne.

FICHE N° 17. VOS TEXTES DE PRÉSENTATION

En une ligne pour l'hotesse d'accueil

....

En deux lignes pour l'assistante

....

....

En cinq lignes pour une présentation rapide

....

....

....

....

....

Votre fichier de suivi de prospection

Vous ne vous souviendrez jamais des détails de vos appels téléphoniques. Dès le début de votre prospection, créez un fichier de suivi. Vous y noterez toutes vos démarches, vos envois de documentation, vos relances, vos courriers et même vos propositions. Ainsi, le jour où vous obtenez un rendez-vous, vous posséderez un historique très précis de vos relations.

FICHE N° 18. VOTRE FICHIER DE SUIVI DE PROSPECTION	
ENTREPRISE	
Nom du prospect	
Fonction	
Adresse	
Tél. / Fax	
E-mail	
Site Web	
Assistante	
Tél. / Fax	
E-mail	
SUIVI	
Ier contact	
Contacts suivants	

Votre matrice de proposition

Cette matrice vous aidera à rédiger vos propositions sans oublier aucun des éléments importants qui doivent y figurer. La réponse à ces questions se trouve dans les différents entretiens que vous avez eus avec votre prospect. Quant aux conditions financières, vérifiez auprès du responsable des ressources humaines de votre société de portage qu'elles sont réalistes et acceptables.

La méthode consiste à construire une matrice dont les éléments sont identiques pour chaque prospect, mais dont le contenu change selon le destinataire. Elle se compose du cahier des charges que vous a indiqué votre prospect, auquel vous ajoutez vos recommandations d'intervention, puis votre offre et enfin le devis.

Sur la page de garde, faites figurer votre nom – et si vous le souhaitez le nom et le logo de votre société de portage – puis le nom de votre interlocuteur et le logo de son entreprise. Vous ajoutez le titre de votre proposition sans oublier la date et, éventuellement, une page supplémentaire pour le sommaire de votre document.

Dans **le cahier des charges**, vous développez ce que votre client vous a appris lors de l'entretien : son contexte, ses besoins exprimés, ses objectifs attendus, ses contraintes et le planning. Les éléments nécessaires vous ont été donnés lors de la rencontre. Utilisez autant que possible le *verbatim* que vous avez noté lors de votre premier entretien. Si vous avez posé les bonnes questions et écouté attentivement les réponses, vous ne devez avoir aucune difficulté à rédiger cette partie essentielle. Ce paragraphe est écrit à la deuxième personne du pluriel, vous vous adressez directement à votre prospect : « *Votre entreprise se trouve actuellement dans la situation suivante, etc.* »

Les besoins exprimés par votre interlocuteur méritent d'être développés, car le prospect s'exprime le plus souvent en terme de moyens : « *Il faut former telle catégorie de personnel* » ; « *Il faut revoir le packaging.* » Votre rôle consiste à formaliser le besoin réel : « Améliorer les compétences », « Moderniser l'image », de manière à pouvoir définir ensuite des objectifs mesurables. Puis vous énoncez les contraintes, telles que le budget, le temps, le lieu, le personnel concerné. Vous proposez un planning et énoncez les recommandations qui assureront la réussite de votre mission.

Votre offre est ensuite élaborée en trois étapes assorties de délais : préparation, réalisation et finalisation. La préparation de la mission se compose de la présentation du projet aux personnes concernées, de la mise en place d'une équipe, du recueil des données nécessaires, éventuellement d'un audit ou d'une étude préalable. La réalisation est assortie des outils et des moyens utilisés et du planning. Enfin, la finalisation aborde la question du suivi de l'action, la fourniture d'un bilan et la présentation des résultats.

Le devis apparaît sur une page séparée et reprend les trois étapes précédentes en les chiffrant. N'oubliez pas de préciser le mode de confirmation de la commande, les conditions de règlement, les éléments annexes tels que le transport, l'hébergement, la restauration, le remboursement des frais, les conditions d'annulation et la date de validité de votre proposition.

FICHE N° 19. **VOTRE FICHE MATRICE DE PROPOSITION**	
NOM DE L'ENTREPRISE ET DU DESTINATAIRE	
CAHIER DES CHARGES	
Le contexte	
Les besoins exprimés	
Les objectifs attendus	
Les contraintes	
VOTRE OFFRE	
La préparation	
La réalisation	
La finalisation	
VOTRE DEVIS	
Le prix	
Le mode de confirmation de la commande	
Les conditions de règlement	
Les frais de transport	
L?hébergement	
La restauration	
Le remboursement des frais annexes	
Les conditions d'annulation.	

CHAPITRE 8

Vos entretiens de vente

Vous touchez au but. Vous avez identifié vos « cibles qualifiées », vous en avez fait des « contacts », qui se sont transformés en « prospects », que vous avez rencontrés lors d'un « rendez-vous » de présentation. À l'issue de cette première rencontre, vous avez établi une « proposition » que vous venez présenter. Mais pour que le prospect devienne un « client », quelques étapes restent encore à franchir. Une bonne **préparation** vous sera utile pour mener l'entretien à votre avantage. Vous soignerez **la phase d'accueil** pendant laquelle vous ferez **la découverte** de votre client et de son entreprise. **La présentation** de votre proposition ne sera plus alors qu'une formalité, accompagnée par **la négociation** et par **la conclusion** qui scelleront votre accord. Et si tout se passe bien, vous pouvez envisager de continuer cette collaboration par **un suivi et des reventes** régulières. Vous suivrez **Paul** dans ses négociations et retrouverez **Étienne** qui a repris confiance en lui. Comme eux, vous vous aiderez de **votre fiche entretien**.

LA PRÉPARATION DE L'ENTRETIEN DE VENTE

Tout ce qui va se passer au cours de cet échange se joue dans la préparation et vous devez apporter un grand soin à cette nouvelle étape. Votre connaissance des éléments constitutifs de la société que vous visitez vous permet d'établir avec votre prospect un climat de confiance et d'augmenter votre crédibilité. Informez-vous sur les effectifs, l'actualité de l'entreprise, son climat social, ses nouveaux produits, ses perspectives d'avenir. Renseignez-vous sur l'organigramme de la société et sur votre interlocuteur, mais aussi sur les personnes qui seront directement bénéficiaires de vos prestations. Le site Internet de l'entreprise peut vous donner des informations générales intéressantes. Revoyez celles que vous avez déjà glanées lors du premier rendez-vous de présentation.

Pour pouvoir défendre efficacement votre proposition, vous devez préparer soigneusement vos arguments. Le client n'achète jamais un produit ou un service, mais ce que ce produit ou ce service va lui apporter, ce en quoi il va résoudre son problème ou améliorer sa situation. Ce n'est pas le produit qui intéresse le client, mais ce qu'il en fera. Dans le chapitre 4 de cette partie, vous avez identifié votre produit et ses avantages face à la concurrence ; puis dans le chapitre 5, vous avez dégagé les bénéfices que vos clients recueilleront grâce à vos prestations. Revenez à ces deux chapitres avant de vous rendre à l'entretien et entraînez-vous, à nouveau, à les traduire en termes d'avantages pour votre client.

Le trac est la marque de la conscience professionnelle. Apprenez à l'utiliser en votre faveur. Réaction naturelle du corps face à la peur, il peut aussi être source d'énergie et de concentration. Plutôt que de le combattre, apprenez à l'utiliser à bon escient. Prévoyez un temps de trajet suffisamment large pour ne pas risquer d'être en retard, ce qui ferait monter votre stress. Accordez-vous quelques minutes de marche à pied en choisissant le trajet le plus calme possible. Pendant ces quelques minutes de pause, efforcez-vous de respirer profondément. L'apport d'oxygène alimentant votre cerveau vous aidera à vous détendre, à garder les idées claires et à ne rien oublier.

Même s'il connaît bien les entreprises qu'il visite, PAUL se renseigne toujours soigneusement sur l'organigramme. Depuis quelque temps, le *turnover* est devenu important et Paul est souvent très étonné de ne pas retrouver ses anciens clients à leur poste. Il doit donc réactualiser ses informations et s'adapter à d'autres interlocuteurs, plus jeunes, qui ont des méthodes de travail nouvelles.

Revoici ÉTIENNE, qui doutait tant de ses capacités de commercial en démarrant son activité de formateur consultant. En quelques mois, grâce aux formations proposées par sa société de portage, il a dédramatisé la fonction « vente » de sa nouvelle activité. Il a parfaitement intégré qu'en venant proposer ses services à un client, il ne quémandait pas une mission, il ne cherchait pas à forcer la main de son interlocuteur, mais il apportait un véritable service dont son client a besoin. C'est dans cet état d'esprit qu'il aborde ce premier rendez-vous.

L'ACCUEIL ET LA DÉCOUVERTE DE VOTRE PROSPECT

L'accueil

C'est le moment de la rencontre où vous devez créer chez votre interlocuteur l'envie de vous connaître, susciter sa curiosité, capter son attention. Comme nous l'avons vu au chapitre précédent, cette séquence se déroule toujours selon le même rituel. Vous entrez dans la pièce. Vous serrez la main de votre interlocuteur en vous présentant et en le remerciant de vous recevoir. Vous vous asseyez lorsque vous y êtes invité. Vous lui tendez alors votre carte de visite et lui laissez, en silence, quelques instants pour en prendre connaissance. Pendant ce temps, vous sortez du papier blanc, votre stylo et vous installez confortablement dans votre siège. Dès que votre interlocuteur lève les yeux, prenez la parole. Dès lors, c'est vous qui avez la main et menez l'entretien.

La découverte

Tel est le maître mot de cette séquence. Lors du rendez-vous de présentation, votre prospect a fait votre connaissance ; c'est désormais à vous d'en savoir plus sur lui afin d'ajuster, s'il le faut, votre proposition au plus près de ses besoins. À partir de cet instant, une seule consigne : vous ne parlez ni de vous, ni de votre produit, ni de votre offre. Vous écoutez, vous questionnez, vous relancez. Toute phrase commençant par « je » est à bannir. Cela peut vous étonner, mais cela s'explique. Nous l'avons déjà dit : votre produit ou votre service n'intéresse pas votre prospect. Ce qui va retenir son attention, c'est ce qu'il peut en faire et les bénéfices qu'il peut y trouver. C'est donc uniquement sur cela que doit se centrer votre attention. L'offre, la proposition viendront ensuite.

Commencez par repérer son approche globale. Par quel aspect de son métier commence-t-il la conversation ? Parle-t-il d'abord du marché, de la concurrence ou de son produit ? Enchaînez selon l'axe qu'il aura choisi : il correspond à sa préoccupation principale.

N'hésitez pas à relancer, à questionner, à faire préciser. Ne craignez pas de poser des questions, elles démontrent l'intérêt que vous portez à votre interlocuteur. Et écoutez attentivement les réponses. N'oubliez jamais que les arguments de la vente sont dans les propos du client. Prenez des notes.

> PAUL est très observateur. Dès le premier coup d'œil, il repère le poster, le calendrier, les photos sur le bureau, les mots, les attitudes, les expressions de son interlocuteur. Tout cela lui donne des informations qu'il sait ensuite utiliser à son avantage. Une reproduction de bateau au mur ? Son prospect aime la mer, la navigation, le voyage. Paul saura placer un mot ou deux sur le sujet dans la conversation et le prospect baissera sa garde.

> ÉTIENNE, en bon élève, a bien noté l'enchaînement du rituel d'accueil : entrer, serrer la main, remercier du rendez-vous, donner la carte de visite, s'asseoir, convenir du temps disponible... Tout cela lui semble très artificiel, mais il est bien décidé à appliquer la leçon de A à Z. Bonne surprise, son interlocuteur suit exactement le même rituel et les échanges deviennent soudain bien huilés.

LA REFORMULATION ET LA PRÉSENTATION DE LA PROPOSITION

Lors de cette séquence, vous devez vous assurer que vous avez bien compris la problématique de votre interlocuteur Mais avez-vous *réellement* bien compris ? N'avez-vous pas interprété ses paroles à votre manière ? Les mots employés ont-ils le même sens pour vous et pour lui ? Avant d'aller plus loin, assurez-vous que vous êtes bien sur la même longueur d'ondes. Faites une rapide synthèse, un résumé de ce que vous avez entendu, et soumettez-lui votre interprétation : « *Si je comprends bien...* » Il est possible que votre interlocuteur vous réponde : « *Oui, c'est bien cela, mais...* » Vous obtenez alors quelques informations supplémentaires. N'entamez pas la phase suivante tant que votre prospect n'a pas clairement validé votre reformulation.

La présentation de votre proposition peut maintenant se faire. Votre objectif est d'obtenir l'accord de votre client et de conclure la vente par un bon de commande signé. Si votre proposition est déjà rédigée et que rien dans ce qui a été dit précédemment ne la remet en question, vous pouvez la donner à votre interlocuteur après en avoir énoncé oralement les grandes lignes. Prenez soin d'en avoir toujours deux exemplaires afin de la lire et de la commenter avec lui. Si en revanche, lors de la phase précédente, vous avez identifié des décalages entre votre proposition et la situation de votre prospect, ne la présentez pas et reprenez un nouveau rendez-vous.

Dans tous les cas le devis, qui se trouve sur une feuille volante, reste en votre possession. Vous le remettrez plus tard, lorsque le moment sera venu.

> La technique de PAUL, qui consiste à établir la proposition pendant le rendez-vous avec son client, présente l'avantage de formaliser la séquence « reformulation » et d'impliquer le client. Paul s'assure ainsi de sa participation active. Bien entendu, le devis sera fait ultérieurement et Paul reviendra une nouvelle fois pour la présentation du prix et, sans doute, la négociation financière.
>
> ÉTIENNE, dans l'émotion de ce premier entretien de vente, n'a pas pris le temps de reformuler les propos de son interlocuteur pour s'assurer d'une bonne compréhension. Dès son retour, lorsqu'il essaie de mettre ses notes sur papier, il s'aperçoit que plusieurs points soulevés manquent de précisions. Comment fera-t-il pour rédiger un compte-rendu ou une proposition pertinente ?

LA NÉGOCIATION ET LA CONCLUSION

Votre interlocuteur va bien évidemment faire des commentaires, poser des questions, énoncer des objections, peut-être des critiques. Dans le chapitre dédié à votre produit, vous avez identifié toutes les caractéristiques de votre offre et les avantages que votre position de consultant indépendant pouvait apporter à votre client. C'est le moment de les utiliser en vous attachant toujours à parler en termes de bénéfice client et à n'être jamais en position défensive. Ne fuyez pas les objections, car elles vous reviendront de toute manière un peu plus tard. Ne cherchez pas non plus à montrer à votre interlocuteur qu'il se trompe. Ne balayez pas les obstacles d'un revers de main, mais proposez plutôt les solutions qui les feront disparaître.

Lorsque toutes les objections ont été traitées, vient le moment de conclure et de présenter le prix. Psychologiquement, c'est un moment délicat, car le client reprend son avantage et se sent plus fort. Aussi, prenez quelques précautions. Ne présentez le prix que lorsque le client a pu apprécier le produit ou le concept. Énoncez-le d'une manière claire et précise, calmement et naturellement. Vendez tous les avantages, fractionnez, étalez le règlement, car le mode de paiement est un facteur de réduction de prix. Comparez le coût aux gains, le prix de la prestation à une autre prestation, donnez un avantage supplémentaire.

Il est probable que votre client cherchera à obtenir plus pour moins cher. Si vous avez déjà réfléchi à votre marge de manœuvre, vous savez que vous pouvez lâcher un peu de terrain. Mais ne reculez pas sans obtenir quelque chose en échange. Votre client veut une réduction de 10 % sur votre prix de journée ? Acceptez, mais à condition qu'il achète une journée de plus. Ne baissez jamais votre prix de journée. Mieux vaut, en grand seigneur, offrir une journée, à titre exceptionnel, que de brader vos prix.

Si votre client a accepté votre offre, remplissez le bon de commande devant lui en reprenant tous les points évoqués, puis donnez-le lui pour signature. Soit il le fera sur le champ, soit il vous le renverra. Gardez toujours un double, et vérifiez que ce bon de commande vous revient dans les jours suivants.

Si votre proposition n'aboutit pas, revenez sur un des points évoqués par votre prospect et proposez d'y réfléchir ensemble lors d'un nouveau rendez-vous. Ainsi le lien sera-t-il maintenu.

> PAUL est un fin négociateur. Sa longue expérience du commercial lui a appris à avoir réponse à tout. Devant un client indifférent, il sait questionner en profondeur pour découvrir l'objection cachée. Au client sceptique, il avance un exemple concret qu'il a déjà préparé. Face à un client critique, il accepte de reconnaître une erreur. Aux objections polies qui commencent par : « *C'est une très bonne idée, mais...* », il répond en relançant « la bonne idée ». Devant un client qui semble ne pas comprendre ses explications, il reprend en s'excusant de s'être mal exprimé. Enfin, et surtout, Paul sait repérer la « fausse barbe » du client qui avance masqué et le pousser dans ses retranchements en abordant un autre point de la proposition.

Malgré quelques erreurs lors de l'entretien de vente, la proposition faite par Étienne a recueilli l'approbation du client et la commande a été passée. Étienne, qui n'osait pas y croire, a failli remercier son client d'avoir signé. Heureusement il s'est souvenu de la consigne et l'a sobrement félicité d'avoir pris la bonne décision.

Le suivi et les reventes

Lorsque vous signez le contrat et effectuez la première mission, vous posez ainsi les bases d'une collaboration qui peut se révéler longue et fructueuse. Mais quelques conditions sont nécessaires pour que votre client ait envie de vous confier une nouvelle mission. Il a été satisfait de votre prestation, vos relations ont été bonnes et il a eu du plaisir à travailler avec vous. De votre côté, vous souhaitez continuer cette collaboration, avez identifié de nouveaux besoins et avez d'autres propositions à lui faire.

Dès le début de votre mission, soyez attentif aux améliorations susceptibles d'y être apportées. Vous pouvez les suggérer à votre client et, s'il les accepte, elles feront l'objet d'un additif au premier contrat. Pendant votre séjour dans l'entreprise, soyez à l'écoute de tout ce qui s'y passe. Cela vous permettra certainement d'identifier des besoins auxquels vous n'aviez pas pensé et que vos interlocuteurs n'avaient pas encore exprimés. À l'occasion, évoquez ces questions, suggérez des pistes de réflexion, proposez des solutions. Vous prenez ainsi une longueur d'avance sur vos concurrents.

Pensez aussi aux membres de votre réseau. Vous êtes nécessairement en contact avec des personnes d'autres services et pouvez sans doute identifier de nouveaux besoins. Peut-être y a-t-il là matière à leur faire suivre des contacts ou des informations.

Lors d'une précédente mission, Paul s'est trouvé en première ligne lorsqu'un transporteur a subi une grosse avarie qui l'a contraint à annuler inopinément un transport pour la Roumanie. Il a alors aussitôt transmis l'information à son partenaire de réseau préféré, son fils, qui dirige désormais l'entreprise familiale. Celui-ci a très vite réagi et proposé ses véhicules et ses équipes de transporteurs. L'entreprise, qui craignait de ne pas pouvoir tenir ses délais de livraison, a accepté cette proposition avec soulagement. À la suite de cet événement, Paul a fait une nouvelle proposition, cette fois pour son propre compte, consistant à mettre en place des procédures d'urgence pour pallier ce type d'incident. Attention, une mission peut en cacher deux autres !

De toute évidence, le premier contrat obtenu par ÉTIENNE avait pour objet de le tester. Ne connaissant pas ce nouveau formateur et ne voulant pas prendre de risque, le client ne s'était engagé que pour une mission de quelques jours. Étienne l'a bien compris et a apporté beaucoup de soin à réaliser parfaitement son travail. Le client a été satisfait et a renouvelé la commande pour plusieurs interventions. Étienne espère le fidéliser pour longtemps.

VOTRE FICHE ENTRETIEN

Cette fiche vous est utile pour la préparation et le suivi de votre entretien. Remplissez-la avant, pendant et après vos différents rendez-vous, qu'il s'agisse d'un rendez-vous de présentation ou de négociation. Au fur et à mesure de vos rencontres, ce document s'enrichira d'une connaissance de l'entreprise de plus en plus précise. Il vous sera utile à tout moment : rédaction d'un compte-rendu de visite, réalisation d'une proposition, conception de nouveaux produits.

Vous possédez déjà un certain nombre des éléments figurant sur ce document : les coordonnées de l'entreprise, le nom et la fonction de votre prospect. Lors de vos divers échanges téléphoniques avec votre interlocuteur ou avec son assistante, peut-être avez-vous obtenu certains éléments concernant les effectifs, les nouveaux produits, le climat social, l'organigramme et les bénéficiaires de vos prestations. Si ce n'est pas le cas, dirigez-vous vers Google et Wikipédia pour des informations généralistes, puis vers le site de l'entreprise et l'actualité du secteur à travers les journaux spécialisés. Enfin, n'oubliez pas votre réseau, certains de vos contacts ont peut-être des informations importantes à vous donner. L'essentiel est d'arriver au rendez-vous en montrant à votre prospect que vous vous êtes intéressé et documenté sur lui.

FICHE N° 20. VOTRE FICHE ENTRETIEN	
ENTREPRISE	
Nom du prospect	
Fonction	
Date	
Étaient présents	
Effectifs, Actualité, Nouveaux produits, Climat social	
Organigramme	
Bénéficiaires de la prestation	
Arumentaire (cf. fiche n° 12 chap. 5 et 16 chap. 6)	
Approche globale	
Reformulation, synthèse	
Marge de manœuvre possible	
Observations	

CHAPITRE 9

Le choix de votre société de portage

Le moment est enfin venu de choisir la société de portage qui vous accompagnera dans votre vie de consultant. Pour cela, vérifiez soigneusement tous les éléments qui ont été abordés dans cet ouvrage. Vous commencerez par vous assurer de **la légalité des contrats** proposés. Puis vous explorerez **l'aspect financier** et les garanties assurées. L'aspect social n'est pas à négliger, ni l'**accompagnement professionnel** qui peut être offert. **Les honoraires** de la société seront le dernier élément déterminant de votre choix. Vous retrouverez **Étienne, Christine, Sophie, Farah, Antoine** et **Paul**, et découvrirez les critères qui leur ont fait choisir telle ou telle société de portage. **La grille comparative des sociétés de portage** sera votre dernier document de travail.

LA LÉGALITÉ DES CONTRATS

Votre contrat de travail doit être conforme au droit du travail et aux conventions collectives. Pour vous en assurer, demandez à consulter un contrat type. Si on vous le refuse, dites au revoir et merci. Pour qu'un tel contrat soit valable et reconnu, il doit impérativement faire apparaître la notion de « lien de subordination » entre le consultant et la structure de portage, et jamais celui de « client du consultant ». Pour être dans la légalité, les modalités de salaire doivent être déconnectées des règlements clients. Les contrats commerciaux que votre société de portage signera avec un client que vous aurez apporté doivent, eux aussi, être conformes à la loi. Assurez-vous que c'est le cas en demandant à en consulter un exemplaire. L'assurance Responsabilité Civile Professionnelle est obligatoire : faites-vous confirmer que la structure de portage en a bien souscrit une pour ses consultants et demandez-en le montant – 500 000 euros par mission est une somme raisonnable. Enfin, il est toujours rassurant de vérifier si la société fait partie d'un syndicat. Comme nous l'avons vu dans la première partie de ce guide, le SNEPS est le plus ancien et le mieux organisé. L'UNEPS et la FNEPS sont plus récents, leurs services se mettent en place peu à peu, mais leurs conceptions du portage sont très différentes, et parfois à la limite de la légalité.

> ÉTIENNE etait très anxieux de commencer une nouvelle vie professionnelle. Il sait qu'il continuera à toucher ses indemnités Assédic, mais aussi qu'elles dépendront d'un contrat de travail parfaitement conforme au droit. La légalité des contrats proposés par sa société de portage a été l'élément déterminant de son choix.

L'ASPECT FINANCIER

Il porte tout d'abord sur le mode de règlement des salaires. Sont-ils liés au règlement du client ? Si c'est le cas, vous ne serez payé que lorsque le client aura réglé sa facture, et cela peut parfois, en particulier avec les administrations, prendre plusieurs mois. Et si vous avez affaire à un mauvais payeur, vous ne toucherez aucune rémunération avant le règlement. Vérifiez donc que vous êtes préservé de ces soucis et que la société de portage vous assure au moins un fixe, indépendant du règlement client. Vérifiez également ce qui se passe en cas de non-règlement de la facture. Et si vous avez trop perçu, serez-vous contraint de rembourser ? Assurez-vous qu'il existe un service de recouvrement des factures, et vérifiez qui, de vous ou de la société de portage, en assume les frais. À moins que vous n'éprouviez un plaisir pervers à poursuivre un client en justice, considérez ce service comme déterminant. Cela vous permettra de dormir sur vos deux oreilles dès qu'une mission sera signée sans vous angoisser au sujet de son règlement. La structure de portage peut être défaillante : possède-t-elle une garantie financière sous forme de caution qui garantit la facturation et le salaire ? À ce jour, seules les sociétés de portage adhérentes du SNEPS possèdent cette garantie.

Les plus grosses sociétés de portage proposent une souscription à un Plan Épargne Entreprise qui associe les souscripteurs à la santé financière de l'entreprise. C'est une option à étudier soigneusement.

ÉTIENNE va continuer à toucher ses indemnités Assédic, mais elles ne seront pas suffisantes pour lui permettre de faire face à ses charges familiales et aux études de ses trois enfants. Il est donc essentiel qu'il puisse compter sur un revenu régulier, déconnecté des règlements de ses clients. Ce point a été son second critère de choix.

CHRISTINE travaille souvent avec l'Éducation nationale. Elle connaît les délais de règlement des factures de ces administrations : parfois plus de six mois. Sa trésorerie ne peut lui permettre une telle souplesse. Dans un premier temps, elle a donc sélectionné les entreprises du SNEPS, qui proposent de dissocier le salaire minimum du règlement client.

L'ASPECT SOCIAL

Comme n'importe quel salarié, vous bénéficiez de tous les avantages sociaux, le premier étant de toucher un salaire chaque fin de mois. Vérifiez bien à nouveau ce point. Vous devez au moins toucher le minimum conventionnel, quels que soient les délais de règlement.

Nous avons vu que la position des Assédic était fluctuante selon les agences. Méfiez-vous donc de la société de portage qui vous affirmera que vos versements Assédic permettront la reconstitution de vos droits. C'est parfois vrai, mais pas toujours. Votre structure se doit de vous signaler cette ambiguïté, mais mieux vaut poser directement la question à votre agence Assédic, car tant qu'une loi ne réglementera pas précisément ce point, les sociétés de portage seront impuissantes devant cet état de fait. Assurez-vous que vous êtes bien couvert par les garanties maladie et accident du travail, et que votre structure de portage a bien souscrit une assurance rapatriement pour les missions à l'étranger.

L'existence d'un comité d'entreprise (CE) n'est pas un critère de choix très important, mais son existence donne une indication sur le nombre de salariés de la société et, si celui-ci dépasse dix, sur le respect des droits de ces salariés. Assurez-vous que vous pouvez en bénéficier, et si l'on vous répond qu'il est réservé au personnel permanent, souvenez-vous qu'un CE n'est jamais réservé à une seule catégorie de salariés : dès que vous avez effectué une mission et signé un CDD, vous faites partie des effectifs et avez les mêmes droits que tout autre salarié. Demandez également à vous procurer la convention collective de votre branche.

FARAH a épuisé les droits de ses précédents stages et CDD. Elle ne touche pas d'indemnités Assédic et compte sur les garanties sociales que lui apportera le statut de salarié : une rémunération chaque fin de mois lors de ses missions et la reconstitution de ses droits à la formation continue.

Pour SOPHIE, qui compte travailler à l'étranger, il est essentiel que sa société de portage ait souscrit une assurance rapatriement. Cela n'a pas été son seul critère de choix, mais ce point était, pour elle, incontournable.

L'ACCOMPAGNEMENT PROFESSIONNEL

De quoi, par qui sera-t-il fait ? Aurez-vous un interlocuteur unique et lequel ? Est-il dans la société depuis longtemps ? Compte-t-il y rester ? Quel est son niveau de qualification ? Autant de questions que vous pouvez poser, car la relation entre vous et votre futur responsable des ressources humaines sera un élément important de votre évolution professionnelle.

Nous avons vu à plusieurs reprises combien l'appartenance à un réseau de consultants pouvait aider votre travail en solo. Ce réseau de consultants existe-t-il ? Comment la société l'entretient-elle ? Organise-t-elle des rencontres, des échanges ? Informez-vous aussi sur les propositions de formation, et sur leurs conditions. Sont-elles offertes ou payantes ? N'oubliez pas que tout salarié a droit à vingt heures de formation gratuites par an.

Enfin, quelques structures de portage proposent parfois des missions à leurs consultants. Sachez qu'il n'entre pas dans le cahier des charges du portage salarial de fournir cette prestation, réservée à l'intérim. Certaines le font pourtant, en réclamant parfois un pourcentage sur cet apport d'affaires. Vérifiez ce point.

Étienne et Christine manquent encore de confiance en eux. La relation qu'ils établissent avec leur responsable des ressources humaines sera déterminante pour la poursuite de leur carrière en solo. C'est leur dernier critère de choix.

LES HONORAIRES

C'est en fin de compte l'élément le moins important, car le montant de ces honoraires est à comparer avec les services rendus. Attention aux offres « *low cost* », qui proposent des tarifs très attractifs (jusqu'à 2 % de frais de gestion), mais ne présentent strictement aucune garantie et facturent le moindre conseil. Sachez que les sociétés de portage sérieuses facturent des honoraires moyens de 10 % à 12 %. Ce montant est dégressif en fonction de votre chiffre d'affaires et les paliers sont différents selon les sociétés. Toutefois, ce montant d'honoraires n'implique pas nécessairement une conformité avec tous les points que nous venons de voir. Vérifiez qu'ils comprennent bien l'intégralité de la gestion de vos frais professionnels. Faites soigneusement votre étude de marché : votre réussite professionnelle en dépend.

Paul a une longue expérience de la gestion financière et administrative. Autonome depuis toujours, il ne demande pas grand-chose à sa société de portage. Dès lors que les contrats étaient conformes à la loi, il a privilégié celle qui lui coûtait le moins cher.

Joël, lui aussi, a l'expérience de la gestion d'une entreprise, mais contrairement à Paul, il a frôlé la faillite. Pour autant, il reste persuadé qu'excepté l'édition de bulletins de paye, une société de portage n'a pas grand-chose à lui apporter. Il a fait le choix d'une structure « *low cost* ». Peut-être le regrettera-t-il ?

VOTRE TEST COMPARATIF

Pour chaque structure de portage visitée, assurez-vous, grâce à ce tableau, que vous avez les informations nécessaires sur tous les points importants et choisissez votre société en fonction de vos critères personnels.

FICHE N° 21. VOTRE GRILLE COMPARATIVE DES SOCIÉTÉS DE PORTAGE				
	SOCIÉTÉ N° 1	SOCIÉTÉ N° 2	SOCIÉTÉ N° 3	SOCIÉTÉ N° 4
LÉGALEMENT				
Les contrats de travail sont-ils conformes au droit du travail et des conventions collectives ?				
Les contrats commerciaux sont-ils conformes aux règles du droit, sont-ils reconnus par les institutions et les organismes sociaux ?				
Quel est le montant de la Responsabilité Civile Professionnelle ?				
Cette société de portage fait-elle partie d'un syndicat ?				
FINANCIÈREMENT				
La totalité du salaire est-elle versée au consultant en cas de retard de paiement ou de défaillance du client ?				
Si les salaires ont été versés avant le règlement d?un client défaillant, le consultant doit-il rembourser les sommes perçues ?				
Y a-t-il un service de recouvrement des factures ?				
La Société de portage a-t-elle une garantie financière sous forme de caution qui garantit la facturation et le salaire en cas de défaillance de la Société de portage ?				
▶▶				

© Groupe Eyrolles

FICHE N° 21. VOTRE GRILLE COMPARATIVE DES SOCIÉTÉS DE PORTAGE				
Existe-t-il un Plan Épargne Entreprise ?				
SOCIALEMENT				
Y a-t-il un paiement régulier des salaires indépendamment des délais de règlement du client ?				
Si oui, est-ce la totalité du salaire qui est versé, ou simplement un minimum conventionnel ?				
Le consultant peut-il non seulement maintenir, mais reconstituer ses droits Assedic ?				
Y a-t-il des garanties maladies et accident du travail ?				
Existe-t-il d une garantie rapatriement pour les missions à l'étranger ?				
Y a-t-il un CE ?				
Quels avantages procure-t-il aux consultants ?				
Existe-t-il une convention collective ?				
L'ACCOMPAGNEMENT PROFESSIONNEL				
Existe-t-il un réseau de consultants ?				
Si oui, sous quelle forme ?				
Le consultant aura-t-il un interlocuteur unique ?				

▶▶

FICHE N° 21. VOTRE GRILLE COMPARATIVE DES SOCIÉTÉS DE PORTAGE				
Qui est cette personne ? Quel est son niveau de qualification ?				
Des formations sont-elles proposées ?				
De quel type ?				
Sont-elles gratuites ?				
La société de portage organise-t-elle des rencontres entre les consultants ?				
La Société de portage propose-t-elle des missions ?				
Si oui, prend-elle un pourcentage sur celles-ci ?				
LES HONORAIRES				
La gestion des frais professionnels est-elle comprise ou non dans les honoraires de la structure ?				
Ou est-ce à vous de les assumer ?				

Épilogue

Après quelques mois de tâtonnements, ÉTIENNE s'est glissé dans la peau d'un consultant indépendant. Grand débutant dans le domaine de la vente, il a consciencieusement participé aux stages de formation que sa société de portage organise régulièrement. Il a décroché sa première mission au bout de trois mois et signé la mise en place d'un plan de formation qui lui assure d'ores et déjà quarante journées d'intervention. Il est actuellement en négociation pour une nouvelle mission de quatre mois à mi-temps en remplacement d'une formatrice en congé de maternité. Si cette mission se concrétise, sa société de portage lui signera un CDI avec un salaire minimum garanti. Il continue à toucher une partie de ses indemnités Assédic et ses angoisses se sont apaisées. Il apprécie de ne pas avoir à assurer la partie administrative de son activité et la souplesse de son nouvel emploi du temps lui permet de partager quelques activités de loisir avec sa famille.

JOËL continue à mener sa barque à son idée. Ayant choisi une société de portage à très bas prix, il ne bénéficie que de très peu de services. La directrice de la structure lui a rappelé qu'il était avant tout un travailleur indépendant et qu'il devait se conduire comme tel et ne pas demander qu'on le tienne par la main. Aussi, excepté l'édition de bulletins de salaire, sa société de portage ne fait pas grand-chose pour lui. Les honoraires qu'il verse ne comprennent ni l'envoi de factures au client, ni les relances en cas de retard de règlement, ni la formation. Comme il le faisait lorsqu'il était à son compte, il continue donc à assurer plutôt mal que bien la gestion financière et administrative de son activité. Il n'a pas réussi à décrocher les trois relances d'établissements qu'il espérait la première année et envisage de quitter sa société de portage pour une autre qui le soutiendra de manière plus efficace.

CHRISTINE a trouvé de l'aide auprès de son responsable des ressources humaines. Plusieurs entretiens ont été nécessaires pour lui permettre de finaliser son offre, de définir précisément son produit et d'en fixer le tarif. Elle s'est aperçue qu'en osant annoncer un prix de journée plus élevé que celui qu'elle pratiquait, non seulement elle ne perdait pas de client, mais elle paraissait plus crédible. Soucieuse de ne pas s'enfermer dans un travail solitaire, elle a régulièrement participé aux petits-déjeuners organisés par sa société de portage et y a rencontré FARAH. Toutes deux ont eu l'idée de proposer à une bibliothèque une exposition sur l'art persan. Elles ont travaillé à la mise en place de ce projet avec une mission de six mois à temps partiel. Christine a pris en charge l'organisation de l'expo et Farah est intervenue en animant des ateliers pour les enfants avec des artistes iraniens. L'exposition a obtenu beaucoup de succès et Christine est restée en contact avec les responsables de la bibliothèque auxquels elle a proposé de créer un fonds de « correspondances ». Elle est actuellement en mission pour huit mois et recueille de tous côtés les lettres personnelles que les particuliers veulent bien lui confier. Et elle pense déjà à une nouvelle exposition intitulée, bien entendu, « Correspondances ».

Après avoir essuyé plusieurs échecs auprès d'écoles de langues, FARAH a accompagné Christine dans ce projet d'exposition sur l'art iranien. Ces quelques mois de mission ne lui ont pas fait oublier son objectif : décrocher enfin un CDI. Le salut est venu d'un visiteur de l'expo. Séduit par les qualités d'animatrice et de conteuse de Farah, il lui a proposé dans un premier temps d'accompagner un voyage organisé de deux semaines en Égypte. N'ayant pas d'obligations parisiennes, elle a accepté avec plaisir cette opportunité. Cette mission s'est représentée trois fois en un an, et la quatrième fois elle s'est vue proposer le CDI tant attendu. Aujourd'hui, une partie de ses activités se passe en accompagnement de voyages, l'autre partie en organisation de ces mêmes voyages. Et elle s'est bien promis de faire appel au portage lorsqu'un besoin ponctuel se présenterait.

SOPHIE a commencé son activité de *catering*. Quelques sociétés de production lui ont fait confiance pour fournir les repas aux artistes et aux techniciens Elle a ainsi pu confronter son *business plan* à la réalité et constater avec plaisir que ses prévisions financières étaient bonnes et son projet tout à fait viable. La mauvaise surprise est venue de la résistance physique. Proposant d'assurer non seulement la fourniture, mais aussi le service de ces repas sur place, elle a pu constater que cela était extrêmement fatigant. Elle réfléchit actuellement avec son responsable des ressources humaines à une collaboration avec un autre consultant de la société de portage pour partager le travail lors de tournages de plusieurs semaines. Ce sera sans doute le prochain pas avant la création de sa propre structure, qu'elle commence déjà à mettre en place.

ANTOINE a eu des débuts plus difficiles qu'il ne s'y attendait. Ses anciens collègues DRH ne lui ont pas vraiment déroulé le tapis rouge lorsqu'il a démarré sa nouvelle activité de recruteur. Au lieu des six mois escomptés, il a mis presque une année avant que les commandes ne lui permettent d'envisager de s'arrêter quelques mois pour s'adonner à sa passion : la moto. Après avoir recruté cinquante personnes pour un chantier naval, Antoine s'est arrêté deux semaines pour partir s'entraîner au sud de l'Espagne avec les autres membres de son équipe de rallye. Il rentrera à Paris pour assurer ses prochains recrutements et refaire un peu de prospection, puis il repartira sans doute pour l'Amérique du Sud et le prochain « nouveau Dakar ». Entre vie professionnelle et goût de l'aventure, Antoine a trouvé son équilibre.

PAUL a fêté récemment ses 65 ans. Mais il n'a pas pour autant cessé ses activités professionnelles et il cumule désormais sa pension de retraite et son nouveau salaire. Outre l'intérêt financier, Paul apprécie de rester dans le milieu du fret qu'il connaît bien, tout en réduisant progressivement sa charge de travail. Peu à peu, les équipes qu'il connaissait changent, les anciens partent et sont remplacés par des plus jeunes, aux méthodes nouvelles. Paul a été un peu surpris au début, mais il a su se faire apprécier de ces jeunes loups par son expérience du terrain et sa simplicité. En dehors de ses missions comme conseil en sécurisation du fret, il continue son engagement aux Restos du Cœur et envisage très sérieusement de prendre l'année prochaine la responsabilité du dépôt proche de chez lui. Au grand dam de son épouse qui se demande si son mari rentrera un jour au bercail. « *La retraite ? Moi, jamais !* », lui répond invariablement Paul.

Retrouvez Étienne, Joël, Christine, Sophie, Farah, Antoine et Paul.

http://desconsultantscommevousetmoi.over-blog.com

Suivez l'actualité du portage salarial.

Posez vos questions.

Apportez vos témoignages sur le blog :

http://portagemodedemploi.over-blog.com

Index

www.ingramcontent.com/pod-product-compliance
Lightning Source LLC
Chambersburg PA
CBHW061249220326
41599CB00028B/5587